存在の呪縛

松井吉康［著］

Der Bann des Seins

晃洋書房

Zum Andenken an H. K.

はじめに

本書を手に取られた人は哲学研究者か哲学に関心を持つ人だろう。そしてその人たちは、当然のことながら、本書に「哲学的な議論」を期待していることだろう。そうした読者に向けて著者が最初に断っておくべきことは、本書の議論が従来の哲学とは異質なものであるということである。つまり従来の哲学に類似した議論を期待する読者は裏切られる。本書は、人間や歴史どころか、現象や実在といった問題すら扱わない。いや、扱わないどころではない。本書の思索は、そういった問題への関心を断ち切ることで初めて可能となるからである。

本書は「存在への問い」を扱う。しかしその問いの立て方は、従来のものとは異なる。従来の哲学が「私達の現実」を出発点としてきたのとは違い、それとまったく関わることがない「端的な無」を出発点とするからである。本書は、論理的に考えられる最初の問いが「まったく何もないのか、それともそうではないのか」であり、そこから第一の真理が「無ではない」であると主張する。他方従来の哲学は、こうした「無ではない」を暗黙の前提とした上で「真に存在するものは何か」と問うてきたのである。本書はこの種の哲学的問題に向き合わない。「何が真に存在するのか」という問いは、暗黙のうちに「無ではない」を含意しているが、後者からこの問いへの答えは見えてこない。本書が問題にする「無ではない」という真理は、従来の哲学の問いにほとんど何の答えももたらさないのである。

「端的な無」とは、「そもそもまったく何もない」という可能性である。したがってその可能性は、最初から偽として否定される。「まったく何もないのではない」ことは、何よりも明らかだからである。その結果、最初から偽であることが明らかな「無」について、誰も真剣に考えようとはしなかったのである。本書の議論は、ほとんどすべての哲学者が即座に偽として顧みなくなる「無」について考察したものである。誰もが「そんなものに意味が見出せるはずがない」と確信している「端的な無」に目を向けて、そこから目をそらさないことで生まれた思索である。こうした試みをナンセンスだと考える研究者は少なくない。彼らの気持ちはよく分かる。著者自身、このような議論がどれほど「常軌を逸したもの」に見えるのかは理解している。哲学の研究を重ねて、従来の哲学の中に真理への道があると信じている人にとっては、本書の議論は常軌を逸しており、ナンセンスに見えることだろう。

本書が展開する思索は、従来の哲学とは別の道を歩んでいる。従来の哲学どころではない。人間が抱く関心をすべて絶ったところで成立するのが、本書の思索である。それは、（ハイデガーが予期していたものと同じかどうかはさておき）これまでの哲学とは異なる思惟、「別の思惟」なのである。本書の思索の先駆者であるパルメニデスとエックハルトが、自らの言葉を「死すべき者を超えた者」のそれとして語ったのは偶然ではない。死すべき者の関心を絶つことでのみ、彼らの思索は可能となったからである。したがって著者が読者に望むのは、本書を読み進めるに当たっては、自らの関心を脇へ置いてもらいたい、ということである。

思索可能な道であれば、哲学者は、そこを自分の足で歩んでみるべきである。人跡未踏で、その先に何が待っているのか、まるで分からない地であろうと、そこに可能性があるならば、その可能性から何が読み取れるのか、それを考えるのが哲学者である。

本書の議論は、無意味であるかもしれない。しかし「無意味に違いない」と断定して「問うべきものを問わない」ことになっていたらどうだろうか。今日、哲学は停滞期に入っているように見える。現代を生きる哲学者は、未だかつて挑まれたことがない「思索のフロンティア」などないと思っている。過去の偉大な哲学者達が見逃した「思索の道筋」があるなどとは信じられないのである。しかしそれでも本書は、従来の哲学が見逃してきた「究極の可能性」があり、それを見つめ続けることから「存在の究極の含意」が露わとなる、と主張する。

存在を問うという問題設定から、本書の議論にハイデガーの影を見る人も多いだろう。しかし本書の主題は、実は「存在」ではなく、「無」である。こう言えば、すぐさま「『無』はハイデガーの影の主題である」と主張するハイデガー研究者が現れるだろうし、さらに西田幾多郎をはじめとする京都学派の哲学は、まさに「無」を主題としているという声があがるだろう。だが、ハイデガーや西田が語る「無」は、「まったく何もない」という「端的な無」ではない。いや、彼らのみならず哲学の歴史は、ことごとく「端的な無」を考察の対象から排除してきたのである。「すべての哲学の歴史は存在の呪縛のうちにある」という本書の主張は、ハイデガーや西田も例外とはしない。もちろんこうした主張に対しては、すぐさま「西田やハイデガーを正しく理解してから述べよ」という反論が返ってくる。そうした反論に対しては、「彼らが端的な無を考察しているという証拠を見せよ」と答えるしかない。少なくともこれまでのところ、そうした証拠を提示した研究者は一人もいないのである。

本書の議論は、きわめて単純かつ論理的に展開されているはずである。そのことは、本書の主張を素直に読んで理解する非専門家が少なくないという事実が証明している。つまり本書は、批判する気になれば批判しやすいように書かれている。著者が知りたいのは、本書の議論が正しいのかどうかだけであって、それ以外の何ものでもないからである。

本書は、「端的な無」を巡る六章とそれに関連する付論で構成されている。第一章と第二章が議論の核心を提示し、第三章と第五章がハイデガーと西田の「無」すらもが「存在の呪縛」のうちにあることを論じている。第四章は、日本語の「無」が「存在の否定」という表現をとらないがゆえに、少なくとも日本語が「存在の呪縛」に縛られていない言語であることを指摘したものである。つまりヨーロッパ諸語とは異なる日本語に「存在」を語る新たな視点が見出せるのである。第六章は、本書の思想の先駆者とも言えるパルメニデスの思想が、同じエレア派に属するとされるメリッソスにおいてすでに誤解されていたことを明らかにしたものである。後代のパルメニデスへの誤解は、存在の呪縛に囚われていたメリッソスによってすでに決定づけられていたのである。付論「別の思惟」は、かなり以前に書かれたものであるが、本書の「別の思惟」を予示するものとして掲載しておく。なお、主論文はすべて雑誌論文であり、従来の思想とは異なる主張を一から説明する必要があったため、重複する説明が多くなっている。その点、あらかじめご了承頂きたい。

目次

凡例

DK I：H. Diels & W. Kranz (Hrsg.), Die Fragmente der Vorsokratiker. Erster Band, 6. Auflage. 1951, Berlin.

DW：Meister Eckhart, Die deutschen Werke. Stuttgart.（引用の際は、巻数をローマ数字で、ページ数を算用数字で記す）

LW：Meister Eckhart, Die lateinischen Werke. Stuttgart.（引用の際は、巻数をローマ数字で、ページ数を算用数字で記す）

GA：Martin Heidegger, Gesamtausgabe. Frankfurt am Main.（引用の際は、巻数とページ数をそれぞれ算用数字で記す）

KRS：G.S. Kirk, J.E. Raven & M. Schofield (ed.), The Presocratic Philosophers. Second edition. 1983, Cambridge University Press.

引用の際の翻訳は、（既訳がある場合はそれを参考にしたうえで）著者自身による。

一　存在の呪縛

哲学の歴史は、すべて存在の呪縛のうちにある。「存在は究極概念である」というテーゼは、哲学の歴史において一つの通奏低音と言ってよい。もちろん「存在の彼方」について語った思想家は少なくない。[1] しかし彼らの場合「存在の彼方」が語られるのは、そもそも「存在」という概念が、或る種の「限定された存在」（形ある存在者の存在）を意味するからである。つまり最も広い意味で「存在」という言葉を使うならば、存在の彼方には何もない。このように考えるならば、どうしても存在は究極概念にならざるをえない。「存在の先」「存在よりもさらに究極的な何か」について語れば、やはりそれは「存在するもの」にならざるをえない。存在の彼方には何もない。それは自明のことである。しかし本章はこの自明性を問題にする。とはいえ私はここで「存在に先行する何か」が存在するなどと主張するつもりはない。そうではなくて「存在」という概念が暗黙のうちにいだく一つの含意を取り上げ、それを「存在」という表現で語ることが適切なのかどうかを問うのである。

1　主語なき存在

哲学史上、存在を最初に明確に主題としたのはパルメニデスである。しかし実はその断片のうちに私たちの主張を暗示する言葉が書かれている。[2]

さあ、私は語ることにしよう、あなたはその言葉を聞いて心にとどめよ、
いかなる探求の道だけが思惟されうるのかを。
一つは「存在する」(ὅπως ἔστιν)、
そして「非存在はありえない」(ὡς οὐκ ἔστι μὴ εἶναι)という道、
これは説得の女神の道である。(なぜならそれは真理に従うから)
もう一つは「存在しない」(ὡς οὐκ ἔστιν)、
そして「非存在が必然である」(ὡς χρεών ἐστι μὴ εἶναι)という道、
これがまったく知りえない道であることを私はあなたに示そう。[3]

まず第一の道の「存在する」という語に主語が見当たらないことが重要である。主語なき「存在」について、それが肯定される道と否定される道とがあり、前者こそが真理であると言われる。この断片における「存在」の主語探しは、これまで多くの研究者の関心を引いてきた。もちろん存在という動詞は、それが動詞である限り、その主

語を必要とする。では、ここには隠れた主語が存在するのだろうか。そうではない。パルメニデスは故意に主語を書き込まなかったのである。それは、主語が隠れているのではなく、そもそも「主語なき存在」なのである。[4] しかし「存在」という語の用法としては、それはあまりにも破格である。だが、こうした「存在」の破格的用法こそ、私たちが探求しようとしている当のものにほかならない。

パルメニデスの思索がきわめて周到に展開されているということは、彼の議論の展開をみればただちに見て取れる。そうした周到な探求の最初の一歩が、「存在するのかしないのか」という問いなのである。つまりこの問いは、究極の問い、原初の問いなのである。だが、普通の意味での存在には主語がなければならない。主語が確定されて初めて「存在するのかしないのか」という問いは意味を持つ。普通の用法として考えていく限り、この問いには、さらに「その主語は何か」という問いが潜在的に先行することになる。その問いに答えが出されて初めて、すなわち主語が確定されて初めて「存在するのかしないのか」という問いは意味を持つのだから、それは原初の問いではなくなることになる。だが見方を変えてみれば、これを原初の問いとして受け止める限り、それには（それに先行する）主語がないと考えねばならない。しかし主語なき存在とは、何を意味するのか。

ここで私たちは、パルメニデスが「存在する」を「非存在は不可能」[5] と言い換えていることに注目しなければならない。さしあたり「不可能」という表現を「否定」と言い換えるならば、それは「非存在の否定」である。もし「存在」という語に主語がないのであれば、当然「非存在」にも主語はない。では、主語なき非存在とは何を意味するのか。それは「何もない」という「無」以外ではありえない。パルメニデスの語る「非存在」とは、「端的に何もないこと」を意味するのである（他方、哲学の歴史はほとんど常に「無」を「存在しないもの」と捉えてきた）[6]。だとすれば非存在の否定とは、「何もないのではないこと」でなければならない。この「無ではないこと」(=das Nicht-Nichts)こそ、パルメニデスが語る「主語なき存在」なのである。したがって「存在するのかしないのか」という問いは、「無か無ではないのか」ということを意味する。しかしパルメニデス自身は、「無か無ではないのか」という表現で原初の問いを語ってはいない。彼の立てている問いの形式は、常に「存在するのかしないのか」という形である。なぜ彼は、この問いを「無か無ではないのか」という形で問おうとはしなかったのか。私はそこに「存在」という表現が西洋の思想において持ち続ける呪縛の始まりを見て取らざるをえない。パルメニデスですら「無ではない」という表現に留まることはできなかったのである。

「無か無ではないのか」という問いに先行する問いは、論理的に存在しえない。存在者について語るあらゆる言明は、すべて「無ではない」ことを前提としているからである。しかしそうなると別の問いが浮かび上がる。なぜ「無か」ということを問わねばならないのか。「無ではない」は当たり前なのだから、「無か」と問うことは無意味であるように見える。事実これまでの思想の歴史は、それを「論外のこと」とみなし、それを問うことに意味があるなどとは(きわめて稀な例外を除いて)誰も思わなかったのである。しかし「何もない」と語ることは無意味だろうか。そもそも何かについて語ることが無意味であるとはどういうことか。はっきりしているのは、矛盾した文章を語る場合である。矛盾をはらむ文章を語ることは、無意味である。「この三角形は丸い」という文章は矛盾であり、それを語ることは無意味であろう。では「何もない」は、論理的に見て何か矛盾を抱えているのだろうか。いや、「何もない」という文章そのものには、いかなる矛盾も含まれない。嘘つきのパラドックスと同様、「何もない」と語ることと、その文章の内容そのものは、互いに相容れない。しかしそれは、その文章そのもののうちに矛盾があることを意味しない。それは確かに現実そのものとは相容れないが、その文章そのものの中に矛盾は見当たらないのである。

「何もない」ことは、論理的に可能である。実際パルメニデスは、最初の二つの道、すなわち「存在の道」と「非存在の道」のどちらもが「考えうる」ものであると言う。[7] それは或る意味で可能であるが、別の意味では不可能なのである。後者の不可能性については後に論じることにして、ここでまず確認すべきは、「何もない」ことが論理的には可能だということである。「何もない」ことが論理的には可能であるのに、なぜ無ではないのか。言うまでもなくこれはライプニッツの有名な問いである。現代においてその問いを別の形で引き継いだハイデガーは、これこそが形而上学の根本の問いであると言う。[8] しかし本当にそうだろうか。

「なぜ或るものがあって、むしろ無ではないのか（pourquoi il y a plus tôt quelque chose que rien.）」[9] という問いは、「存在の以前」を問うているように見える。しかし存在という語を厳密にとらえる限り、根拠や原因というものが存在に先行するということはありえない。それらもまた存在するからである。ライプニッツも「何ものも十分な理由なしには起こらない」という根拠律をたてに「無ではなくて存在するのはなぜか」と問うたのである。彼は、そこから「神」という「必然的な存在として内に自らの実在の理由を含んでいる実在」を推理する。だが、根拠律そのものが果たして原初のものにも妥当するのかどうか、それは必ずしも自明なことではない。むしろ後述するように「原初のものにはそれの原因が存在しない」と考えるべきなのである。[10]

原初のものは、それが原初である限り、それに先行する原因や根拠といったものを受け付けない。したがって「なぜ無ではないのか」という問いは、実は問いとしては正しくない。しかしだからといって無意味なわけでもない。この「問いの形をした文章」は、まぎれもなく何かを語っているが、それは決して解答を要求する問いとしてではない。それは、論理的には「何もない」ことが可能であるにもかかわらず、実際には「何もないのではないこと」に対する私たちの「驚き」を表明しているのである。それは究極の不思議である。しかしそれを原初の問い、根本の問いということはできない。それは実は問いではないからである。原初の問いは「無か無ではないのか」である。

言うまでもなくこの問いに対する答えは「無ではない」以外ではありえない。ではなぜ「無ではない」から始めてはいけないのか。「無ではない」を出発点にすると、それは自明のことになり、無の可能性のみがあらわにする「無ではない」ことの不思議さが覆い隠されたままで終わるからである。そしてその結果、私たちは、そうした原初の不思議がもたらす驚きを排除することになる。しかしそうした驚きについてなら、すでにハイデガーが指摘していたのではないか。

確かにハイデガーは、「存在するものが存在する、という、不思議の中の不思議」(11)と書いている。しかし彼の言う「無ではない」は、私たちが見て取ったような「まったく何もないのではない」とは異なる。彼の場合、存在と無は、共属的な関係にあるからである(12)。「不安の無の明るい夜において初めて、存在するものとしての存在するものを開示する根源的な開性が、すなわち存在するものは存在するものであり、『そして無ではない』ということが、発生する」(13)。ここにおいて明らかなように、彼は、無を「存在の本質に属するもの」(14)とみなしているのであり、「何もないこと」とはみなしていない。だが「何もない」と「何もないのではない」は、端的に相容れない。後述するように、何もないという無が一旦否定されるなら、そこにはもはやいかなる意味でも、無はない。ところがハイデガーの存在と無は、そういう関係にはなく、存在の果てに、あたかも存在の場所であるかのごとく、無が開示されるのである。「不安が開示する無」とか「無の根本経験[15]」とかいう表現を彼が用いるのもそのためである。しかしこうした理解は、無を「まったく何もない」ことと考えてはいない。無が「まったく何もない」を意味するのであれば、一旦無でないということになれば、それはもはや無になることは不可能である。パルメニデスが「非存在は不可能」と言ったのは、「無ではない」ことが一度でも真理となるならば、そこではもはや「何もない」ことは不可能となるからなのである。

ハイデガーの「無」は、さらに私たちの理解とは異なって、「存在者ではないもの（das Nicht-Seiende）」を意味する[16]。すでにプラトンが「無」を「『存在者』とは異なる形相[17]」としているが、この点で彼はプラトンに近づいているのである。しかしそうだとすると彼は、実はパルメニデスの「無」の用法に対立していることになる。なぜならプラトンが無を「存在者とは異なる形相」と呼んだのは、パルメニデスを始めとするエレア派の議論を論駁して、この世界の現象――すなわち私たちが「存在する」とみなしている世界――を救うためなのである。つまりハイデガーは、プラトンと同じ方向に進むことで、その無の理解においてパルメニデスとは別の方向に歩みを進めているのである。したがってハイデガーが原初の「まったく何もないのではない」を問題にしていたとは言えない。ハイデガーの「無」は、パルメニデスの「まったく何もない」ではない。無の理解が異なれば、存在の理解も異なる。ハイデガーと私たちの語る「存在」は別物なのである。

もし無が「存在者ではないもの」とみなされることになれば、その場合「無か無ではないのか」は原初の問いではなくなってしまう。無もまた存在者を語るための表現になり、そういう意味で存在者を前提することになるからである。しかし私たちが無と言う時、それは「まったく何もない」ということである。この場合「無か無ではないのか」には絶対にそれに先行する問いはない。「まったく何もない」という可能性に先行する何かなど定義上ありえない。「無」の多義性は、常に存在の多義性と一つであった。逆に言えば、無を「端的な無」と確定するならば、「存在と無」を一義的に論じられるはずである。

「無ではない」は、ほとんどすべての哲学者が語る「存在」に先行する。もちろん「存在」という語を「無ではない」と端的に同義であるとするならば話は別であるが、私の知る限り、「無ではない」が術語となったことはこれまで一度もない。パルメニデスやエックハルトは、確かに「存在」の根本の意味を「無ではないこと」に見て取っていたが、その彼らにおいてすら、これらは常に同義というわけではない。エックハルトの場合、存在は「神」と同義とされるし、パルメニデスも「無か無ではないのか」という形ではなく、「存在するのかしないのか」という形でのみ原初の問いを問うたのである。かくも強く哲学の歴史を存在という表現が呪縛している。それにはプラトンとアリストテレスの存在理解が決定的な役割を果たしている。さらに哲学とキリスト教の結びつきが、その呪縛をさらに強固なものにしたのである。そうした存在・神論的な体制においては、「神の存在はどこから来るのか」という問いを立てることは許されなくなった(18)。それは、致命的なタブーとなったので、誰も神の存在を問おうとはしなくなったのである。事実その問題へと踏み込んだエックハルトは、その思惟の徹底性のゆえに、異端の嫌疑をかけられたのである。そしてこうした「存在そのものへの問い」のタブー化は、先に見た「無の可能性」をいっそう決定的に隠蔽することになったのである。

「無ではない」は、概念上「存在」に先行する。というのもこの存在は、ほとんど常に「存在するものの存在」

を意味するからである。形而上学が問題にする「存在」であっても、「無ではない」ことを必ず「暗黙裏に」前提とするのであり、そういう意味で「無ではない」は、いつも「存在」に先行するのであって、その逆ではない。形而上学の存在の思惟ですらも、たいていは無の可能性を見落としてきたのである。したがって「存在」という表現で「無ではない」ことを意味させるのは無理である。そこで本書は「無ではない」を一つの術語とする。それを一語で表わしたいという誘惑は、それが原初の事態を表現するものであるだけに、きわめて強いのであるが、その際唯一の候補である「存在」が、それに適しているとは言えないので、こうした苦肉の策をとらざるをえない。しかしこの方法で話を進める限り、「存在」という表現にまとわりつく多義性を排除することができる。このことは、議論を正確に進めるためにきわめて重要である。

「無ではない」には、主語が存在しない。パルメニデスの語る存在に主語が存在しなかったのもそのためである。いっさいの出発点は「無ではない」である。だが、そもそも「無ではない」とは、どういう文なのか。

2　無ではない

「無ではない」というのは、文法上の形式から言えば、否定文である。では、何が何を否定しているのか。もちろん、無が否定されているのであるが、では、それを否定しているのは何か。少なくともこの文章に「無を否定する当のもの」は姿を現してはいない。ここで「無を否定している」のは、いったい何なのか。もしそれが明確に指摘できるのであれば、それこそが「原初の存在するもの」すなわち「原初の存在の真の主語」となるであろう。しかしこの問題に立ち入る前に、まずこの否定を時間的に表象する誤りから解き放っておかねばならない。

「無が否定される」という表現は、まず「無」があって、それが否定されるというイメージを喚起する。しかしこうしたイメージは「まったく何もない」という無にはそぐわない。「無が時間的にまずあって、後にそれが否定される」というのは、「無から存在への移行」を意味するはずであるが、それは不可能である。無からは何も生じない。もともと無であれば、それは絶対に無に留まらなければならない。パルメニデスが無の道に関して「非存在は必然[19]」と書いているように、「何もない」のであれば、ずっと「何もない」のでなければならない。パルメニデスの場合「無の道」と「存在の道」は、決して交差することがない。すなわち無であれば、常に無でなければならない。私たちは、原初の何かが、永劫の過去から続いた無をどこかで（或る時点で）否定して、存在への移行を成就したと考えがちである。しかしこうしたイメージは誤りである。無は「何もない」を意味するがゆえに、そこから存在へと移行することなど不可能なのである。では、存在から無への移行はどうか。それもまたありえないのか。この世界は、永遠に存続するのだろうか。

永遠にこの世界が成立し続けると断言することは誰にもできない。次の瞬間にでも、この世界は消滅するかもしれない。この世界が永遠に存続することを私たちは証明できない。しかしそれで「まったく何もない」という無になるわけでもない。まったく何もないという無には、そもそも時間が存在しないのだから。無は一度破られるなら、それは二度と無に戻ることはない。将来、無となるかもしれないというのは、すでに存在の論理の中で言われているのである。

では、ここで言われるような「将来においてこの世界が消滅する可能性」は、無ではないのか。そうした世界の消滅は、端的な無化を意味するのではないのか。いや、そうではない。そうした消滅は端的な無ではない。私たちは、それを、エレア派を批判的に継承した原子論者に倣って「空虚」と呼ぼう。[20]「無」は、存在の論理、存在の文法に属さないが、それに対して「空虚」はまさに私たちが存在と呼ぶものの論理をすべて可能にするものなのである。プラトニズムが「非有（μὴ ὄν＝存在しないもの）」と呼んだもの、キリスト教神学が「無からの創造」と言う時に考えるような「無」は、実のところ「空虚」でのみありうる。空虚は「まったく何もない」ことを意味しない。後者は、存在の論理を脱却しているからである。空虚は「存在者の不在（その最も極端な形が「世界の不在」）」を意味するのであり、そういう意味で、常に存在の論理に属するのである。

私たちが語る「無」は存在の論理を拒む。それは、いっさいの存在するものがいつか完全に消滅してしまうというような可能性を意味しない。確かに私たちの認識プロセスは、その最初から存在の論理に属してしまっており、そこから無の可能性を考えていくためには、存在を否定していくという道しかありえない。しかしだからといって無の可能性が、論理的に存在を前提とするわけではない。無は何も必要としない、すなわち存在を必要としないからである。無は、存在に縛られず、存在から自由なのである。それに対して哲学の歴史は、ほとんど常に、無を「存在の否定」すなわち或る種の欠如とみなしてきた。無は常に、存在の論理を前提にして初めて言える「存在の欠如」に留まっている。そこでは常に存在の論理が支配している。存在が前提されているという点ですでに無の可能性が完全に閉ざされているのである。したがってそこで語られる「無」は私たちが言うような無ではない。それは、何か存在するものの欠如、あるいはせいぜいが空虚に過ぎないのである。

哲学の歴史においてすら、無はせいぜい非有、あるいは空虚を意味するに過ぎず、私たちが問題にするような無は、まったく問題とされてこなかった。それも或る意味では当然である。私たちは生まれてきた時からすでに存在を前提にしており、そういう意味で、無の可能性など考えなくとも問題がないからである。私たちは、無の道とは決して交わらない存在の道を歩んでいるのだから、無の可能性などに気を使う必要はまったくない。こうした無は絶対に現実化しない。なぜなら「現実」という表現そのものがすでに「無ではない」ことを前提とするからである。「現実に無である」という表現は、それ自体が形容矛盾である。その意味で「無は存在しない」というのは、同語反復ではなく、「無は、可能性としては可能だが、現実にはありえない」という実質的な内容を持ちうるのである。この意味で、無の可能性について考えることは、現実的にはおそらく「無益」なことである。それどころか、こうした無の可能性を考えるならば、パルメニデスの議論が明らかにしたように、私たちの世界が消失してしまう。というのも「無ではない」を存在と同一視するならば、存在の主語は、その論理的否定がただちにまったくの無を意味するのでなければならなくなるが、そうすると私たちが普段「存在している」と思っているものの何一つとして存在するとは言えなくなるからである。そうした存在の主語をどこにも見出すことはできない。こうしたリスクを孕む思想に誰が興味を持つだろう。だが、哲学の歴史には、そういう道を歩んだ者たちがいるのである。

　パルメニデスの真理は、私たちが普段存在していると思い込んでいるもののいっさいを否定する。では、彼はそうすることで何を手に入れたのだろうか。「真理」である。だが「真理」とは、普通「世界を説明するもの」のことである。このことはほとんどすべての哲学者にも当てはまる。真理がそのようなものである限り、それは結局のところ何らかの仕方で私たちの生活にとって有益なものとなる。こうした理解のもとでは、真理は有益であるという信念は揺るがない。しかし真理がそのようなものではないとしたらどうか。

パルメニデスは、「主語なき存在」すなわち「無ではない」を第一の真理と考えている。しかしこの真理は、世界についてほとんど何も説明しない。それは私たちにとって有益な情報は何一つ与えてくれないようにみえる。それどころかその真理は、結果としていっさいをことごとく否定する。パルメニデスはどんな種類の「世界の説明」も真理ではないと主張する。では「ここに机が存在する」とか「私は存在する」とかいう、私たちの日常的な言葉遣いを彼はどのように理解しているのか。彼の答えは明快である。それらはすべて「名目」[21]に過ぎない。私たちの思考は、ことごとくドクサに過ぎないとされるのである。だが、私たちには「この机」という存在するものは、他の存在するものから独立して存在しているように思われる。この机と私は、それぞれ「別の存在者」であり、そういう意味で異なった存在を持つように思われる。しかし彼はそう考えない。彼の見るところ「すべては今、一挙に、一つのものとして」[22]存在する。彼によれば、万物を区別する差異、多様性といったものはない。彼に従うなら、「存在しないもの」をまるで存在するものとして扱う人間の思索こそが、言葉の本来の意味でのニヒリズムであるということになるだろう。それらは「存在しないものが存在する」と言っているのである。

存在が「無ではない」ことを意味するのなら、そうした存在には主語がない。原初の存在は、それに先行するいかなる主語も受け付けない。しかし一般に語られる存在は、それに先行する主語を必要とする。esse essentiae（本質の存在）があって初めて esse existentiae（事実の存在）が語られるのである。「無ではない」ことは、その反対が可能なので、それ自体必然的ではないのだから、そういう意味では偶然である。同様に「無ではない」と言う時、アプリオリに無を否定するものは確定できない。何が存在の必然的な主語であるのか。そのようなものは存在しない。すなわち現実には、形而上学が求めてきた「真なる実体」は存在しない。なぜなら必然性は何らかの根拠を必要とするが、「無ではないこと」以前にそうしたものは存在しないからである。原初のものには、それに先行するものがない。従ってそれは偶然的でなければならない。存在のどのような主語も、偶然的でのみありうる。哲学の伝統は、キリスト教と結びついて、根源的な存在するもの、すなわち神の存在は必然的であると言い続けてきた。しかしたとえ神が存在するとしても、その存在もまた偶然でなければならない。「無ではない」は、いかなる主語も受け入れないので、アプリオリに必然的な存在は存在しない。私たちの科学的な探求が、いつの日か、この世界の根源的な原理を明らかにする日が来るかもしれない。しかしその原理は、存在の必然的な主語たりえない。それは偶然的な主語なのである。

「無ではない」というのは、疑いもなく存在の一つの含意である。だとすれば第一の存在者もしくは原初の存在とされる神も、その存在は偶然でなければならない。しかしこれは、キリスト教の伝統が許容しえない考えであろう。神の問題をそこまで踏み込んで思索する者がいれば、異端者として排斥されるのは当然である。事実そこへと踏み込んだエックハルトを、当時の教会は「必要以上に知ることを欲した」(23)という理由で断罪したのである。おそらく「無ではない」は、キリスト教の神概念にとって危険な言葉なのである。

いずれにせよ「無ではない」すなわち原初の存在は、無規定である。それは、それ自身の必然的な主語を持たないがゆえに、それに先行してそれをあらかじめ規定するものを何一つ持たない。そういう意味ではこの原初の存在は、ヘーゲルの「存在」と同じく無規定である。(24)しかし彼と私たちが決定的に異なるのは、彼がそうした「無規定な存在」をただちに「無」と呼ぶことである。(25)ヘーゲルの無も、やはり或る種の欠如、規定なきものなのである。そういう意味で彼は、「形相なきもの」を「非有」と呼んだプラトニズムの系譜に属する。彼は、この点で伝統的形而上学の継承者なのである。「無と存在は同一である[26]」という命題は、考えうる限り最も明白な論理的矛盾であるが、そうした矛盾を彼が語りうるのは、彼の無の概念が存在の論理に属しているからである。事実、彼自身、無を空虚、空虚な直観と呼んでいるのである[27]。

人は、シェリングの無の理解が、「非有（μὴ ὄν）」とは異なる「不存在（οὐκ ὄν）」[28]という表現を導入することで、更なる一歩を踏み出していると言うかも知れない。しかし彼の「不存在」もまた、結局のところ、無ではなく、空虚を意味するに過ぎない。というのも彼は、それでもって「無からの創造」の「無」を言わんとしているからである[29]。

パルメニデス以外で、無の可能性を考察していたのがエックハルトである。ハイデガーが、パルメニデスとエックハルトを（結果的には、この両者と異なる結論に向かったのであるが）自らの思索の同伴者と呼んだのは[30]、おそらく偶然ではない。エックハルトは、「生は何ゆえなしに生きる[31]」と言う。「何ゆえなき」事象が存在することをエックハルトは明確に認識していた。だからこそ「神なし（Gottlosigkeit）」と語ることもできたのである[32]。しかしそれがいかに危険な発言であったかは、後代の歴史が証明している。

3　存在の論理と無

「無ではない」には、「無」をアプリオリに否定する「隠れた主語」など存在しない。そもそもアプリオリに無を否定するものは存在しないのである。たとえ第一原理が見出されても、それは「それこそが存在の必然的な主語である」ことを意味しない。「無ではない」の以前に、必然性は存在しないからである。どんな存在の主語も偶然でしかない。ライプニッツは「無ではない」を「或るものが存在する」と言い換え、ハイデガーは「存在するものが存在する」と言い換えている。しかし「無ではない」は、「或るものが存在する」もしくは「存在するものが存在する」と同じではない。なぜなら「無ではない」は、存在の論理に属さないからである。無も「無ではない」も、存在の論理には属さないのである。

存在という語は、普通の用法では主語を必要とする。他方無は主語など必要としない。それと同様「無ではない」にも主語はない。したがって「無ではない」と存在を同一視することはできない。存在は「無ではない」を前提とするが、その逆は真ではない。もちろん存在と無の間には何もないが、概念としてみれば「無ではない」は存在でもなく無でもない。私たちは、「無ではない」と言えば、「何かが存在する」とただちに言い換え、さらに「その何かとは何か」と問う。だが、そうした「原初の存在の主語」は、そもそも存在しない。「無ではない」に先行する存在の主語は、原理的に存在しえない。私たちは「存在に主語はない」と言うのであるから、「何も存在しない」と言っているように見えるかも知れない。しかし「無ではない」は、まさにそうした無を否定しているのである。かくして存在の言語に移行する前に、「無ではない」がいかなる表現であるのかを、一旦立ち止まって考え抜かねばならない。

「無ではない」は、「無」と同様、それ自体は時間を脱却している。というのも時間は存在の論理に属するからである。それに対して「存在する」は、それが動詞である限り、必ず時称を伴わなければならない。「無ではないNicht-Nichts」は、そうした時称を必要としない。もちろんヨーロッパ諸語の場合、一つの文章を語るために常に何らかの動詞を必要とする。しかしそれはすべての言語に妥当するわけではない。少なくとも日本語の文章は、必ずしも動詞を必要としない。「である」と「がある」の両方を一括して「存在」と呼ぶのは、ヨーロッパ諸語の伝統であって、その言語的伝統を離れれば、それは自明のことではない。もちろん、哲学という営みがヨーロッパに端を発したものであることは事実であり、そういう意味で、哲学的な思索を遂行しようとすれば、少なくとも一度はそうした伝統と対決しなければならない。しかしだからといってそれに従わなければならないわけでもない。言語的に見れば「存在」は、あらゆるところで支配的なわけではない。存在の呪縛は、印欧語の伝統の一部である。しかしその結果、すべての哲学の歴史が存在の呪縛の下に置かれたのである。

存在の呪縛を一旦離れ、「無ではない」という表現に立ち止まって、このことを熟考しなければならない。「存在」というきわめて曖昧な表現に困惑させられるのではなく、いかなる誤解の余地も無い「無」をいわばアルキメデスの点として事態を考察していかねばならない。もちろんそうした考察は、私たちの生活に有益な情報をおそらくもたらしてはくれないだろう。すべてはあまりに抽象的で、現実との接点を失っているように見える。しかしそもそも現実とは何か。私たちが現実だと信じ込んでいるものは、果たして本当の現実なのか。

私の前に机が存在する。それは現実であると私たちは信じて疑わない。しかしそれが現実であると言えるのは、「机」という概念を何らかの意味で習得している者だけである。「机」に相当するような言葉を自らの語彙として持たない知性体が存在するならば、その者にとっては、それは机ではない。「私」は疑いもなく存在しているように思われるが、それもまた存在の主語ではありえない。なぜならそれも「無ではない」から独立に存在するのではないからである。世界が存在しなくなっても私だけは存在し続けると考える人はそう多くはいない。それを主張するのは独我論者達であろうが、そもそも独我論は正しいのであろうか。彼らが自らの正当性を主張するためには、その自我が消失すれば、同時に世界もそれ自体として消失することをあらかじめ証明しなければならないが、そのような証明を誰がなしうるというのか。したがって独我論は正しいとは言えない。私は、この意味で全世界から独立に存在しうる実体などではないのである。普段の生活の中では、机と私は互いに独立して存在していると私は考えている。しかしそのような考えは、本当のところ単なる「思惑」に過ぎない。全世界なくしては机は存在しないし、私も同様である。この意味で、すべては互いに結びついている。世界は様々な独立した事物から成り立っているのではない。それらの事物は名目にすぎない。「名目」というのは、パルメニデスが死すべき者の世界観を批判する時に使う表現であるが(33)、それに対して有意な反論をするのは実は容易なことではない。

パルメニデスの「主語なき存在」は、カントにおける「物自体」のごときものである。物自体が認識できないのと同様に、「主語なき存在」も同定不可能である。しかし「主語なき存在」すなわち「無ではない」という表現は、無意味ではない。それは何一つ個別的な真理を語ってはくれないが、それでも抽象的な言明ではない。それは、私たちのあらゆる言明、幻想、誤謬が、それを前提とせざるをえない、そういう根源的事実なのである。たとえ私たちの考える世界が単なる幻想に過ぎなかったとしても、それでもとにかく「無ではない」は真である。あらゆる誤謬もまた「無ではない」を証明している。なにものもそれを否定することはできない。しかしこれまでは誰もそれが注目に値することだとは思わなかった。それも或る意味では当然である。この真理は、一般に言われる真理と誤謬の違いを消し去るものだからである。日常生活に現れる真理は、この原初の真理の前ではドクサとなってしまうのである。

一方で「無は可能」と言われ、他方で「無は不可能」と言われる。存在の道は、まさに無をめぐるこの二つのテーゼの間で成立しているのである。無は、論理的に可能であるが、絶対に現実化しえないという意味では不可能である。無は常に可能性に留まるが、可能性としては可能である。「無ではない」とは、そうした「無の可能性」と対比されることで初めて姿を現す真理である。しかしそれは偶然であるにせよ、絶対に無の道とは交わらないという意味で、それが現実に否定されることはありえない。それは、論理的には偶然であるが、現実的には必然なのである。しかし存在の呪縛は、「無の可能性と対比されて初めて姿をあらわす『無ではない』」の不思議を隠蔽し続けたのである。

では、表象不可能であり、絶対に現実化しえない無を、どうすれば考察の対象にすることができるのか。ここにおいて思惟が、存在論的に決定的な役割を果たすことになる。無の道は決して「現実」すなわち「無ではない」の道とは交わらない。したがって現実に目を向け続ける限り、無は考察されえない。では「無ではない」という表現において、どうして無が語られているのか。私たちには、無の可能性を開示しうる思惟があるからである。では、思惟はどのようにして無に至るのか。無は原理的に認識不可能である。しかし私たちは、無という言葉で何が言われているのかを理解する。それは「何もない」と言っているのである。私たちは無を理解する。しかしそれはどういう理解なのだろう。

私たちは普通、無という言葉で、いっさいが消失した「何もない状態」をイメージする。では、「無」は「存在しているものが何もない状態」のことだろうか。では「存在するもの」とは何か。空間や時間は存在するものなのか。この両者が消失すれば、もはや何もなくなるのか。誰がそれを証明できるだろう。いっさいの存在するものの消失は、無を意味しない。なぜならそのこと自身が存在の論理に属しているからである。いっさいが欠けている状態は、欠如を意味するのであって、無ではない。なぜなら「いっさいの存在が消失する状態」というのは、存在の論理の極限状態に過ぎないからである。私たちは、何事も一つのイメージで捉えてしまいがちである。そこで「無」もまた一つのイメージ、つまり「何もない状態」というイメージで理解しようとする。しかし無はそもそもイメージを拒む。無はそもそも表象不可能である。それを敢えてイメージ化しようとすれば、どうしても「空虚」にならざるをえない。無のイメージは、空虚でしかありえないのである。

　これまで哲学の歴史は、この無と空虚の混同から脱出することができなかった。それは、すべてを存在の側からしか観ることができなかったからである。無ですらもが、存在の側から「存在の否定」つまり「空虚」として考えられてきたのである。しかし存在の彼方にあるのは無ではなく、空虚に過ぎない。無の可能性は存在の論理に属さない。ハイデガーを含む、ほとんどすべての哲学者が「無」と「空虚」を混同してきた。西洋の思索の伝統は、かくも強く存在の呪縛のもとにある。しかしそれが存在の欠如でないとすれば、「無」をどう理解すれば良いのか。

　言うまでもなく「無」について積極的に語ることはできない。それは、否定の中でも最も徹底的な否定である。しかもそれは、「何かがまずあって、それが否定される」という理解を拒む「否定」である。それは、そうした否定されるべき「何か」をもたない。それは絶対に何も前提としない。無は存在を脱却しているのである。ところが哲学の歴史は、ほとんど常に「無」を無造作に「存在の否定」として、存在の論理の中で捉えてきた。ヨーロッパ諸語においては、無を表わす表現は、語源的に見ればたいてい或る種の否定形である。ドイツ語の nichts は、中世ドイツ語の iht（何か）に否定の n がついたものであるし、ギリシア語の μὴ ὄν もそうである。だが、端的な無は否定ではない。というのもそれは、あらかじめ否定されるべきなにものも持たないからである。しかし哲学の歴史は、無を存在の否定とみなしてきた。そうなれば、存在が無の否定となるのも当然である。しかしそこで言われる「無の否定」は、私たちがここで見て取っているような「無ではない」と同じではない。彼らの無の理解は私たちのそれとは異なるからである。彼らの無は「或る空虚の内に、なにかが姿を現す」という存在のイメージを作り出す「空虚」でしかない。彼らの無は、せいぜい存在の場所であるに過ぎない。だが、それも私たちの無の理解からすれば不可能なことである。現実には無は、常に存在の言語のうちで語られてきた。存在の呪縛は、無をこそ最も強く縛っていたのである。

そもそも「否定」という表現は、存在するものを前提としている。それは存在の論理に属するのである。したがって「無」を或る種の「否定」とみなすことは、それを存在の言語のうちに置くという、決定的な誤謬をおかすことになる。無は否定ではない。では、無とはいったい何なのか。その答えは、私たちが原初の問いとして認めた問い、すなわち「無か無ではないのか」という問いの内に隠されている。この問いに先行するものは何もない。しかしそれが意味するのは、この二つの選択肢、つまり「無」と「無ではない」には、いかなる共通の根も存在しないということである。この両者を含むような、さらに根源的な「何か」など存在しない。つまり「無」と「無ではない」は互いに還元不可能なのである。それらは、どちらかがどちらかを前提とするようなものでもない。両者は互いに排斥しあう。すなわち両者は等根源的なのである。無は存在から自由であり、存在は無から自由である。「無」は「無ではない」に対する原初的なオルタナティヴなのである。

「無か無ではないのか」。これが究極のオルタナティヴである。この二つの道は、どちらかがどちらかに還元できるようなものではなく、それぞれが究極の可能性なのである。したがって「無ではない」は、無を否定して出来上がるものではない。無をゼロのように考えてはならない。ゼロに何かを加えてできたものが「無ではない」ではないからである。哲学の歴史において、存在は長らく無に対して優位を保っていた。しかし無と「無ではない」は、実際は等根源的、すなわちいずれもが根源を持たないのである。

結論

私たちの言葉は、元々世界を語るため、つまり存在するものを語るためにある。そう考えれば「無」と「空虚」が、かくも長い間、混同されたのも納得がいく。存在の言語だけが言語であるということになれば、無もまた存在の言語に含まれるしかない。そして存在の言語の中では、無はもはや無ではなく、空虚を意味するしかないのである。その特殊性をしっかりと確定しておかないと、無という言葉でさえも世界を語るための言語に含まれてしまう。「存在の言語だけが言語である」というのが存在の呪縛である。この呪縛から解き放たれるためには、存在の言語の枠を超えた（無と「無ではない」という語を含む）「別の言葉」の可能性に私たちが至らねばならない。無と「無ではない」は、この世界について語る言葉ではない。したがってこの両者は、この世の中ではおそらく無益であろう。その結果それらは、かくも長きにわたって、放って置かれたのである。

だが、存在の呪縛が西洋の思索の歴史を支配していたからと言って、こうした歴史を一方的に否定的にとらえるべきではない。私の知る限り、「無」と「無ではない」のオルタナティヴに気づいた思想家は、ヨーロッパ以外にも存在しない。むしろ、たとえ不完全ではあったにせよ、「無の可能性」というものにわずかなりとも光を当てたのはやはりヨーロッパの思索の伝統なのである。存在を探求する中で初めて、わずかながらも無の可能性が照らし出されたのである。存在の探求は、確かに存在の呪縛となったが、無の可能性を認識させる道ともなりえたのである。

無は、これまで常に「存在の否定」として、すなわち存在の側から語られてきた。しかしそれは存在の欠如ではない。それは存在の論理で測られるべきではない。哲学の全歴史において、すべての出発点は、存在であり、無は、そこから派生するものに過ぎなかった。だが、無は存在の派生物ではない。無は「存在」つまり「無ではない」に対する原初のオルタナティヴである。もちろんそれは絶対に現実化しない可能性に留まる。しかし可能性としてみた場合、「無」と「無ではない」の間に優劣は存在しない。そのどちらにも必然性がない。つまりいずれもが偶然的なのである。実際のところ何もないのではない。しかしそれは単なる偶然に過ぎないのである。

注

（1）プラトン『国家』509 b9。

（2）私のパルメニデス解釈としては、（今となっては満足のいかないものであるが）松井（二〇〇二）などがある。

（3）Fr. 2, 1-6. パルメニデスからの引用は、DK I（1951）からである。引用の際は、断片番号と行のみを示す。

（4）断片二における「存在の主語がないこと」については、すでに Tarán（1965, 36）などが指摘している。しかし存在に端的に主語が存在しないことは誰も指摘していない。

（5）Fr. 2, 3.

（6）本章は「無」をもっぱらパルメニデス的な意味で用いる。
（7）Fr. 2, 3.
（8）GA 9, 122.
（9）G. W. Leibniz, *Principes de la Nature et de la Grace fondés en Raison*, § 7.
（10）たとえばハイデガーも後年、「存在は、無根拠（grundlos）である」と述べている。Vgl. GA 10, 76.
（11）GA 9, 307.
（12）Ebd. 120.
（13）Ebd. 114.
（14）Ebd. 115.
（15）Ebd. 109.
（16）Ebd. 306.
（17）プラトン『ソピステス』257 b3-4. プラトンはそこで、「非有（μὴ ὄν）は、存在（ὄν）の反対ではなく、それとは異なる形相である」と述べている。
（18）十八世紀になってカントは、次のように述べている。「われわれがあらゆる可能なもののうちで最高なるものとして想像する実在が、いわば自己自身に向かって次のようにいう。『私は永遠から永遠にわたって存在する、私のほかには単に私の意志によってのみ何かであるもの以外なにものも存在しない。しかし私はいったいどこからきたのであるか。』人はこうした考えがわきあがるのを押さえきれないのだが、しかしそれに耐えることもできない。」『純粋理性批判』B 641。
（19）Fr. 2, 5.
（20）アリストテレス『形而上学』985 b4。もちろん私の「空虚」の用法は、レウキッポスやデモクリトスのそれとは異なる。
（21）Fr. 8, 38.
（22）Fr. 8, 5.

（23）Vgl. Bulle Johannes XXII, „In agro dominico“.

（24）Vgl. Hegel（1985）, 68.

（25）Ebd. 69.

（26）Ebd. 69. しかし他方でヘーゲルは次のようにも書いている。「始原は、純粋な無ではなく、そこから何かが流れ出るはずの無のようなものである。こうして存在は始原のうちにも含まれている。すなわち始原は、両者、つまり存在と無の両方を含むのであり、存在と無の統一である。」（Ebd. 60）彼はここで「純粋な無」の可能性に気付いているにもかかわらず、二度とそれを考察しようとはしなかったのである。

（27）Ebd. 69.

（28）Schelling（1928）, 329.

（29）Vgl. ebd. 328.

（30）Vgl. Heidegger & Jaspers（1990）, 181.

（31）DW I, 92.

（32）Vgl. DW III, 483.

（33）Fr. 8, 38.

参照文献

Hegel, G. W. F. (1985), *Gesammelte Werke* Bd. 21, hg. von der Rheinisch-Westfälischen Akademie der Wissenschaft, Hamburg.

Heidegger, M. / Jaspers, K. (1990), *Briefwechsel　1920–1963*, hg. von W. Biemel & H. Saner, Frankfurt am Main.

松井吉康（二〇〇三）、「存在の風景」『宗教哲学研究』十九号。

Schelling, F. W. J. (1928), *Werke* 5. Hauptband, hg. von M. Schröter, München.

Tarán, L. (1965), *Parmenides*, Princeton University Press.

二　無と存在

無と存在は矛盾関係にある――このことに疑いの余地はないように見える。ここで「矛盾」という言葉が意味するのは、「無でなければ存在であり、存在でなければ無である」ということである。実際ギリシア哲学で「無」といえば、「存在するもの τὸ ὄν」に否定辞 μή が付いた「存在しないもの τὸ μὴ ὄν」のことなのである。「無」は「存在の否定」を意味するというわけである。しかし哲学の歴史を眺めれば、この両概念は、様々に語られ、必ずしも常に矛盾概念であったわけではない(1)（その最も極端な形がヘーゲルの「純粋な存在と純粋な無は同一である」というテーゼであろう）。さらにこの両概念は、それぞれ西洋の根本概念、東洋の根本概念として対比されることもある(2)。こうしたことが言われるのも、存在と無が、哲学や思想の歴史において「根本概念中の根本概念」とみなされてきたからである。この両概念が思索の歴史において決定的に重要な役割を果たしてきたことは疑いない。だからこそ様々な哲学者や思想家が、この両概念をそれぞれ独自の仕方で論じてきたのである。本章は、そうした「無」と「存在」が持つとされる「概念としての究極性」に考察の焦点を絞る。無と存在が、本当に究極概念だとしたら、その究極性は何を意味するのか。そしてそうした究極性を持つ両概念は、お互いどういう関係にあるのか。

私は、さしあたっては無と存在が矛盾関係にあるとされることを問題視しない（だが、それはあくまでも「さしあたって」であって、本章は最終的にそのことに異を唱えることになる）。それでも上記の「存在の否定が無である」という議論には決定的な問題が潜んでいる。まず哲学の歴史において無と存在が、こうした順序で——つまり無が先に置かれて——論じられることはなかったと言ってよい。つまり両概念が論じられる場合、常に「存在と無」という順序で論じられてきたのである。(3) このことは単なる偶然ではない。存在と無を対比する場合、必ず存在が先に語られる。無は確かに存在の否定として語られるが、同じく存在は無の否定であるのかどうか。もちろん論理的には、両概念が矛盾関係にあるのなら、無の否定が存在を意味するはずである。しかし現実の哲学の歴史において、「存在」を「無の否定」と規定した哲学者は一人もいない。ここで問題なのは、規定の順序である。存在が規定されて、その否定が無と言われるのか。それとも無が規定されて、その否定が存在と呼ばれるのか。「存在の否定を無と呼ぶのか」それとも「無の否定を存在と呼ぶのか」。どちらも可能なはずであるが、実際にはすべての哲学者が前者を選んでいる。なぜか。そしてそれは議論を正確に展開するのに適切なのかどうか。結論から言えば、「存在の否定を無と呼ぶ」道は、議論を正確に展開しようとする場合、深刻な混乱を招くのであり、したがって哲学的には「無の否定が存在である」と言うべきなのである。ただし後述するように、こういった用法で「存在」という表現を用いると様々な問題が生じるので、厳密には「無の否定」は、「存在」と呼ばず、そのまま「無ではない」という形で論じなければならない。

1　存在の否定、無の否定

「存在の否定が無である」というのは、ヨーロッパの場合、先に見た通り、思想以前に言語レベルで規定されている。「非存在が無」なのである。他方哲学あるいは思想の歴史のどこを見ても、「非無が存在である」といった表現は見当たらない。それはヨーロッパのみならず、「無の思想」を語ることが多いとされる東アジアの国々においても同様である。[4] 私の知る限り「非無が存在である」と言った思想家は一人もいない。他方哲学者の多くが言うように、存在の否定が無であるとするならば、無は存在の規定に連動することになる。無は存在の理解に左右されるのである。もちろんこのような指摘は、何も目新しいものではない。しばしば見受けられる考え方であるが、「形あるもの」「限定できるもの」を「存在するもの」と考えれば、「形なきもの」「無限定なもの」は無となる。この典型が老子の「道」であるし、プラトニズムにおいて質料が無と呼ばれたのも、このパターンである。プラトニズムにおいては、形相が存在原理であり、したがって形相を持たないものが「無」とされたのである。あるいは「認識されたもの」だけを「存在するもの」と考えれば、それ以外のものはすべて「存在しないもの」になる。この場合、たとえば認識する当の意識そのものは、「認識されるもの」ではないのだから無であるということになるだろう。いずれにしてもこうした見方においては、存在の意味の多様性に連動して無も語られることになるので、見方次第で、無が存在になったり、存在が無になったりする。或る見方では意識は無であるが、別の見方では意識は無ではない。意識は、端的な無ではない。ここで言う「端的な無」とは、「本当に何もない」「まったく何もない」ということである。意識という表現が現れる限り、それは端的な無ではない。結論を先取りすれば、従来の哲学が主題的に語ってきた「無」の中に、私たちの言う「端的な無」は一つもない。どの無も、端的な無ではないのである。

何かが存在することを出発点として、究極的な「存在」の理解を求めていくと、私たちはどうしても手に負えない領域に踏み入ることになる。私たちは普通、この世界のうちに存在するものを「存在するもの」とみなしている（たとえば目の前にある机）。では、こうした諸事物をすべて消し去れば無になるのか。それでもそこには時間と空間が残るように思われる。時間と空間は、果たして「存在するもの」なのかどうか。(5) ここに至って私たちは、「存在するもの」という言葉で何を考えているのかという問題に直面せざるをえなくなる。現代では時間空間を「存在するもの」とみなす傾向が強いが、だとしてもそれらがなくなれば「何もない」ことになるのかどうか。私たちはその答えを知らない。時間と空間がなくなれば、「この（私たちに見えている）世界はなくなるだろう」という予想はつくが、この世界がなくなれば、端的に何もないことになるのかどうか。「私たちが知っている『この世界』だけが存在するのかどうか」を私たちはどうすれば知ることができるのか。私たちは有限な存在なので、私たちの知るすべてを消去していっても、それで「本当に何もない」に行き着いたかどうか、知る術を持たない。経験の領域をどれだけ広げていっても、私たちは、「これで存在のすべてを経験した」と断定できる境位には至らない。つまり存在から無を規定しようとすると、無はどうしても曖昧な概念にならざるをえない。裏を返せば、存在から無を規定する限り、人は無を「自分の望むように」つまり「恣意的に」規定できるのである。

そこでもう一つの道、つまり「無から存在を規定する」という道が探求されねばならない。では、無は、存在とは違って、決定的な仕方で規定できるのか。できる。究極的な無の規定は可能なのである。それが先に述べた「まったく何もない」という可能性である。端的な無とは、まったく何もないこと、絶対に何もないことである。もちろんこのような無は、想像不可能、イメージ不可能である。それは対象として想像することができない。もちろん直観の対象にもならない。直観されるもの、想像されるものであれば、それは端的な無ではない。そもそも無が真であれば、直観する主体も存在しないはずなのである。世界であれ私であれ、とにかく何もないという可能性が端的な無である。もちろんこのような無の理解は、単に無の概念（定義）を理解しただけであって、実際の無を「認識」したわけではない。だが概念を越えた「実際の無」という表現が、そもそも形容矛盾なのである。[6] 無は絶対に実現しない。「何もない」は現実化しない。「実現」という表現が、すでに何らかの世界の存在（現実性）を前提としているからである。だからといって無は理解できないわけではない。無は概念（あるいは定義）として理解可能である。「まったく何もない」という表現の意味を私たちは理解する。そしてこうした無の定義は、疑いもなく究極の定義である。「まったく何もない」という可能性を越えた究極的な可能性など原理的に考えられない。もしこの定義が究極の無の定義であるとするならば、私たちはここからすべての議論を始めることができるはずである。それはアルキメデスの点なのである。そして存在をこうした「端的な無」の否定と捉えるならば、存在の究極的な定義が手に入ったことになる。だが後述するようにこうした「端的な無ではない」を「存在」と呼ぶわけにはいかない。本章では議論を正確にするために、「端的な無」と「無ではない」という対比でこれからの議論を進めることにする。こうしておけば、「存在」という言葉の多様な意味に惑わされずに済むからである。

2　第一の問い

まったく何もないのか、あるいはそうではないのか。この問いは論理的に考えうる第一の問いである。何もないことに先行する可能性は、原理上ありえない。ここで問題となる「端的な無」と「その否定」に先行する第三の可能性は、原理的に存在しない。この問いに先行するものは絶対に存在しない。しかしこの問いは、私の知る限り、明確な形で問われたことは一度もない。哲学の歴史は、「まったく何もない」を、それこそ第一の誤謬として真っ先に排除したからである。誤謬であることが明らかである事柄について、それ以上議論する必要はないというわけである。哲学史上、存在を初めて主題化したパルメニデスは、第一のオルタナティヴとして「存在するのか、存在しないのか ἔστιν ἢ οὐκ ἔστιν[7]」という問いを提示して、上記の原初のオルタナティヴに最も近づいていたのだが、それでも結局「無（存在しない）の道から想いを遠ざけよ[8]」と言って、無の論理への道を自ら閉ざしたのである。こうしたパルメニデスの議論を受けて「存在するもの」「存在しないもの」についての議論を『ソピステス』において展開したプラトンは、「無 μηδέν を語る」とは「何も語らない」ことであると言って、無を語ることの不可能性を主張している[9]。さらに彼は、「ロゴスは主語となる名前とその述語から成立する」と言って、特定の主語とそれとは異なる述語が、意味のある言明（つまりロゴス）を可能にすると言う（主語と述語が異なっている必要があるのは、異なってなければ同語反復になり、何の意味もない文となるからである）[10]。しかし言うまでもなく無はそうしたロゴスの主語にはなりえない。無は何も特定しないからである。つまりこうした議論は、「無」もしくは「非存在」を語ることの不可能性あるいは無意味さを指摘しているのである。パルメニデスとプラトンという哲学創成期の巨人達が、揃って「無を語ることの不可能性」あるいは「無意味さ」を主張しているのである。

それもそのはず、哲学は真理に関心があるのであって、誤謬には用がない。「まったく何もない」ことは、真理ではないのだから、哲学の関心を引かなかったのも当然である。哲学は、なにはともあれ「何かが存在する」ことを前提としてきたのである。しかしまさにその結果、「存在する」という言葉遣いが暗黙のうちに含意している「まったくの無ではない」へのまなざしが閉ざされることになったのである。パルメニデスに先行したギリシアの思想家達は万物の原初（アルケー）を探求したと言われているが、こうした探求は、言うまでもなく「万物が存在していること」を自らの議論の前提としている。哲学は、世界を理解、説明することを目指してきたのだが、そのこと自身がすでに「世界が存在している」ことを前提としている。そもそも何らかの存在を前提としなければ、議論そのものが成り立たない（存在しえない）。こうして存在は哲学の究極概念となったのである。しかしその結果哲学は、存在からすべてを見るようになった。その当然の帰結として無もまた「存在の否定」とみなされたのである。こうして哲学は、「端的な無」から問題を見る視点を失ったのである。こうした経緯を私は「存在の呪縛」と呼ぶのだが、哲学の歴史は、この呪縛のもとで常に存在を究極概念とみなし、「存在」という表現が暗黙のうちに含意している「無ではない」に想いを向けることができなくなったのである。

もちろんこういう議論以前に「何もないのであれば、そもそも『何もないのか』という問いそのものが成立しない」という指摘がなされるだろう。「何もないのか」という問いは、その問いそのものによって否定的に答えられているというわけである。しかしこうした議論そのものが、やはり「存在を前提とする」議論なのである。繰り返すが私たちは「無が現実化する可能性はない」と言っている。「何もないのか、それともそうではないのか」という問いに対しては後者が真であることは動かない。しかしそれでも「何もない」ことは可能なのである。「何もないこと」が論理的に可能であるからこそ、その否定である「無ではない」という表現も意味を持つ。ところが哲学は、「何もない」は真ではないということを見て取るやいなや、それを哲学の議論から追放してきたのである。

だが「無ではない」は、「存在」のすべての意味に先行する。あらゆる存在は、（たとえそれが幻想や誤謬であったとしても）暗黙のうちに「まったくの無ではない」ことを含意しているのであり、そういう意味で後者は前者の前提である。存在を前提として無を語る限り、その無は端的な無ではない。それは後述する「存在の論理」の中で語られる無に過ぎないからである。「無ではない」があらゆる「存在」の前提であって、その逆ではない。では、こうした「まったくの無ではない」を「究極の存在」あるいは「存在そのもの」と呼べばどうだろう。もちろんそのように呼ぶことは可能だが、実はそう呼ぶことにほとんど意味はない。意味がないどころか、それを存在と呼ぶことで不必要な混乱を招きかねない。「存在」という表現は様々な意味で用いられるが、「存在そのもの」という表現もまたそうした「存在」の一種であるという印象を与えることになるからである。同じ言葉を使えば、それは同類であることを印象づける。「究極の存在」あるいは「存在そのもの」という表現は、私たちが普段用いる「存在」と何らかのつながり、意味上の連関をもつと考えられるのである。では、それはどういう関係か。あるいは、それはどういう「存在」なのか。

「存在そのもの」といえば、当然普通の意味での「存在」との区別が問題になるが、どうすればその区別を語れるのか。[11]「存在そのもの」とは、存在の原因あるいは始まり（アルケー）といったものを意味するのか。しかし「無ではない」は、そうした原因や始まりにはなりえない。前提は必ずしも原因ではない。「無ではない」は、一切の存在するものの前提であるが、原因あるいは始まりではない。なぜなら原因や始まりは、それに後続する「存在の系列」と連続しており、それ自身が存在の系列の一部だからである。結局のところ「無ではない」を意味する「存在そのもの」と普通の意味での「存在」を明確に区別するためには、「『存在そのもの』とは『無ではない』を意味する」と言うしかない。結局「無ではない」に立ち戻るのであれば、最初から「無ではない」という表現に留まる方がよい。そうすれば無用な混乱を避けることができるからである。「無ではない」は、確かに一切の「存在」の前提であるが、この現実の世界を帰結する原因あるいは始まりではない。「無ではない」から「存在の系列」は帰結しない。両者の間には連続性と非連続性が見出されるのである。実際後述するように、存在を前提とした「存在の論理」と端的な無から議論を展開する「無の論理」は、前者が後者を前提としてはいるものの、後者から前者が帰結するわけではない。こうした二つの論理そのもののズレを踏まえれば、無の論理において語られる「無ではない」と存在の論理において語られる「何かが存在する」を同一視することは許されないのである。

3　存在の論理、無の論理

「何かが存在するのか、しないのか」という問いは、「まったく何もないのか、それともそうではないのか」という問いと同じことを意味するように見える。しかしそうではない。前者は存在の理解を前提としているのだから存在の論理に属するのであり、後者は無の真偽を問うているのだから無の論理に属する。両者を同一視することは存在の論理と無の論理を混同することである。ここで言う存在の論理とは「何かが存在する」ことを前提として成立する一切を言う。つまり従来の哲学や様々な思想のほとんどすべてが、この論理を展開しているのである。それが何であれ「何かが存在する」ことから出発する議論は、ことごとく存在の論理に属する。[12] 他方無の論理とは、無の概念から論証できる一切である。それは無の概念から語りうるすべての論理的帰結を言うのである。もちろん無から帰結するものなど何もない。そこから人々は無造作に「無の論理」などないと言う。人々は簡単にそう考えてきたのである。しかし「無から帰結するものは何もない」という文章は真である。無の論理など存在しないと言うのであれば、この文はどう理解すればよいのか。それは真であるが、存在の論理に属するというのか。しばしばギリシア哲学の根本則と呼ばれた「無からは何も生じない ex nihilo nihil fit」という原理はどうか。この文は無意味なのかどうか。実はこの命題は、二様に理解することができる。一つは、文字通り「無からは何も生じないで無に留まる」ということ。しかしこの文が一般に語らんとしているのは、そういうことではない。そうではなくて、「無からは何も生じないのだから、何かが生じる限り、それは『無ではないもの』からである」ということなのである。つまりそれは、「すべては何らかの起源もしくは原因を持つ」ということを言っているのである。言うまでもなく前者の理解が無の論理の理解であり、後者の理解が存在の論理の理解である。

「まったく何もない」ということは、少なくとも論理的な矛盾を含まないのだから、可能であり、したがってそれについて論理的に語ることは可能なはずである。論理的に矛盾を孕むものについては、論理的に論じることができないが、矛盾を孕まないものについては、少なくとも論理空間においては語ることができる。無の論理は少なくとも可能なのである。そして論理の場合、可能でありさえすれば、論理として成立する。別の言い方をすれば、私たちは「まったく何もないのか、そうではないのか」という問いを問いのままで考察するのである。こうした問いが立てられれば私たちはすぐさま「無ではない」を答えとして出すが、ここではそうした答えが問題ではない。あくまでも論理的に可能な原初の二つの選択肢、つまり「無」と「無ではない」が問題なのである。

存在の論理は「何かが存在する」というように必ず主語となる何かを必要とする。他方「まったく何もないのか、それともそうではないのか」という問いには、そうした「何か」は必要ではない。さらに前者の場合そもそも「存在する」という言葉で何が語られているのかが問題である。それに対して後者の場合、無は単純に「まったく何もないこと」を意味している。後者の問いを問うのに「存在する」という言葉の意味を詮索する必要はない。そこで問題となっているのは「何もない」ことの真偽だけだからである。無が真であるのか偽であるのか。この問いそのものは、いかなる意味での「存在」も前提としていない。存在の論理は、常に「存在の意味への問い」を暗黙のうちに抱えることになるのだが、無の論理はそうではない。無の論理は、無の真偽の可能性を問うているのであり、そこでは存在は問題とならない。ここに存在の論理を超越した問題領域が広がるのである。

無の論理はいかなる存在理解も必要としない。そこで問題となるのは論理的に可能な「何もない」であって、このことの理解に存在理解は必要ではない。無の理解に存在の理解は必要がない。さらに無が真であるために存在は必要ない。端的に言えば無はいかなる存在も必要としない。必要とするように思われるのは、無を存在から理解しているからである。無を存在の論理の中で論じているからである。存在の論理の中で語られる無は、「何かの欠如」であり、「何かの不在」である。つまり存在の主語となるものが前提としてあって、それの欠如もしくは不在が無と呼ばれるのである。「無は或る種の否定である」というのは、存在の呪縛のもとに見られた無の理解である。したがって主語となる何かが存在して、それに述語がつくという文章は、ことごとく存在の論理に属する。先のプラトンの「ロゴス」についての説明に見られた通り、私たちが知るあらゆる哲学の議論は、こうした形式の文章の積み重ねである。つまり従来の哲学は、ことごとく存在の論理を展開しているのである。では無の論理はどうか。それもまた主語述語という形態をとるのではないのか。

「まったく何もないことは可能である」つまり「端的な無は可能である」という文章を見てみよう。この場合確かに「端的な無」が文法上の主語であり、それに「可能である」という述語が付されている。しかし存在の論理と決定的に異なるのは、「端的な無」という主語は、いかなる対象も指示していないということである。ここで言われる「無」は、主語となる「何か」ではない。それは、そうした何かがまったく存在しないことを表わしているのである。つまりこの文章には主語となる「何か」が存在しない。対する存在の論理には、常に主語となる何かがある。実際存在の論理において語られる「無」は、そうした「何か」を前提として、その不在、欠如を意味するのである。したがって存在の論理において語られる無は、たいていが「存在しないもの」である。幽霊は存在しない。したがって幽霊は無である。意識は認識の対象にはならない。つまり認識されたものが持つ「存在」という資格を持たない。そういう意味では意識もまた無である。こういった表現において語られる無は、特定の主語についての否定である。つまり特定の存在するものの存在の否定なのである。

4　「何もないこと」と「存在しないもの」

私たちは、最初から無を「まったく何もないこと」と規定してきた。それは、何か存在するものの存在を否定しているのではない。つまりそうした特定の存在するものを、それは必要としないのである。それは否定すべき何も持たないのだから、実は元々否定ではない。だからそれは、「存在しないもの」ではなく、「まったく何もないこと」を意味するのである（表現上、そこには「ない」が含まれるが、それは否定されることになるものを自らの前提として持つような否定ではない）。「もの」と「こと」は、同じようには使えない。「存在しないもの」と「存在しないこと」の区別といえば、すぐさまハイデガーの存在論的差異が思い浮かぶ。それは、「存在するもの」と「存在すること」の区別を言うのだから。私たちの区別は、存在論的差異を否定の形で語ったものである。だが、奇妙なことにハイデガーは、こうした無の差異を一度も語っていないようである。「存在するもの」と「存在すること」の差異を語るなら、当然「存在しないもの」と「存在しないこと」の差異も語られるはずである。だが、彼は後者の差異に言及しない。彼にとって「存在すること　Sein」は「存在するもの　Seiendes」ではないのだから、それは「存在しないもの　Nicht-Seiendes」つまり「無　Nichts」となる。しかし「存在しないこと　Nicht-Sein」を無と捉えれば、「存在すること」は「無」ではない。ここでは二つの無を区別しさえすれば、「存在は無である」という、人を驚かすような表現を採らずにすんだはずである。つまり「存在は、『無ではない　Nicht-Nichts』である」と言えばよかったのである。しかし彼は二様の無を語ってはいない。なぜか。彼にとって思索の事柄となるのは、あくまでも存在だったからである。彼の「存在の思惟」こそは、存在の呪縛の究極形態である。その結果彼は、存在を「無ではない」という表現で捉え直す視点に到達できなかったのである。

「何も存在しないこと」と「存在しないもの」では、それぞれが属する文法も異なる。「何も存在しないこと」については、それが可能であるかどうかは問えるが、それが「存在するかどうか」は問えない。「何も存在しないことは存在する（もしくは「存在しない」）」と言うのは、明らかに奇妙な表現だからである。私たちは「存在する」という述語の主語は、「こと」ではなく、「もの」だと考えるのである。「もの」については、それが可能かどうかを問うことはできない。私たちは、「こと」に関してそれが可能かどうかを問うのである。他方「存在しないもの」に関して存在するかどうかは問えるが、端的に可能かどうかは問えない。「存在しないものは可能か」という表現は一見すると問題ないように見えるが、それはこの「可能」が「存在可能」を意味しうるからである。「存在しないものは存在しうるか」と問うことはできるが、「存在しないものは可能か」とは問えない。しばしば無について「無は存在しない」という同語反復が語られるが、その場合その語が意味しているのは「存在しないもの」であって、「存在しないこと」ではない。普通の言い回しで「存在しないことは存在しない」などとは言わないからである。[13]だが、こうした違いは、「何も存在しないこと」と「存在しないもの」のどちらもが無と呼ばれてしまうと、完全に見えなくなる。「無は可能である」という文章も「無は存在しない」という文章も、何の問題もないように思えるからである。「無」という言葉で何を意味しているのかを確認しておかないと、結局こうした意味上の混同を犯し続けることになる。事実哲学の歴史において、この混同は常態化していたのである。

私たちは無を「端的に何もないこと」と考えるが、哲学の歴史においては、ほとんど常に「存在しないもの」が無であった。それは存在の論理の中で語られてきたのである。そこでは無は存在しないのだから、それについて語ることはできない、ということになる。しかし無が「何もないこと」を意味するとしたらどうか。何もないことは可能であり、少なくとも可能性としては考察可能である。「何もないこと（＝無）」とその否定である「何もないのではないこと（＝無ではない）」は、それぞれ論理的に可能であり、したがって論理空間においては語ることが可能なのである。無は原理的に現実化しえない。つまり真理になることはない。しかし論理空間においては、矛盾を含まないものという意味で可能なのである。つまり「無」と「無ではない」が論理的にどういう関係にあるのかを問題にすることができる。無は語ることができる。そして「無ではない」は、あらゆる存在の前提であるのだから、この両者の関係を明らかにすることができれば、それは或る意味で「無」と「存在」の関係を明らかにすることにもなる。それは存在に先行する論理なのである。存在の論理は、「無ではない」を前提としているのであるから、そういう意味で無の論理は存在の論理に先行する。だが従来の哲学は、存在を究極と考える結果、それに論理的に先行する無の論理に目を向けることができなかったのである。

　とはいえそうしたことを従来の哲学の過失とすることはできない。哲学は、世界の原理を明らかにすることを目指してきたのであり、そうした目的からすれば、無の論理に目配りする必要はないからである。無の論理は、それ自体、この具体的な世界の説明には何の役にも立たない。無の論理からこの具体的な世界を説明することはできない。「無ではない」は、様々な具体的真理の前提であるが、それは同時に様々な虚偽の前提でもありうるからである。さらに言えば存在の論理は、特定の主語を定立して論理を展開していくのであるが、「無ではない」には、そうした限定がない。つまり存在の論理から見れば、「無ではない」は「無」にしか見えない。「世界の究極原理は無である」と主張する思想家達は、その「無」ということで、こうした「無ではない」を考えている可能性が高い。だが彼らは無の論理を知らないので、「無ではない」を「無」と呼ぶことしかできない。無の論理を知らない者には「端的な無」と「無ではない」の区別は見えないからである。それは結局無と存在の区別がつかないということである。とはいえそうした区別は、現実を説明するのに何の役にも立たない。無の論理が見過ごされてきた理由の一端は、それを認めることが現実には何の役にも立たなかったからである。

結論

では、無の論理は、まったく無意味なのだろうか。私たちは、世界の原理を「存在」と呼ぶ者もいれば、「無」と呼ぶ者もいるということを知っている。そして前者がヨーロッパに多く、後者が東アジアに多いということも知っている。こうした根本原理を巡る意見の対立は、それぞれの文化的伝統を反映しているだけであって、どちらが正しいと言うことはできないのかも知れない。しかし無の論理が正しければ、それは、私たちが「存在」と呼んでいる事柄の彼方に潜む究極の真理を明らかにするはずである。「無ではない」は、究極の原理を「存在」と呼ぶ立場だけでなく「無」と呼ぶ立場にとっても前提となる。いずれの立場も必然的に「無ではない」を前提とする。このことは論理的に疑いがないように思われる。端的な無とその否定は究極の可能性であり、そこに成立する論理的関係のすべて（＝無の論理）は究極の真理となる。とはいえその究極の真理は、私たちに具体的な世界の真理については何も教えてはくれない。「無ではない」は否定命題なので、それ自身は何一つ積極的に語らない。つまり

「それは具体的にどういうことなのか」と問うても、答えはない。普通の否定命題であってもそれは無限定なままなのだが、この場合否定されている当のものが「無」なのであるからなおさらである。「無」という「原理的に一切の限定を拒む可能性」を否定しても、そこにはいかなる限定も生じない。ただ「無ではない」というだけであり、この表現は積極的には何も語らないのである。しかしそれでも従来「究極の真理」を自称してきた様々な言明、つまり宗教や哲学などが語ってきた——真理であると自称する——言明の真偽を、それは判定する基準となるだろう。それは現実の説明には何の役にも立たないのかもしれない。しかしそれでもそれは真理なのである。

最後に無の論理が実際にどういう内実を伴うものなのかを少しだけ見ておくことにしよう。まず「まったく何もないのか、それともそうではないのか」という原初の問いには、それに先行する第三の選択肢が存在しないということである。端的な無とその否定には先行する第三の可能性はない。これは定義上ありえない。そこからただちに無とその否定は、それ自身、いかなる前提も持たないことが明らかとなる。無のみならず「無ではない」にも、いかなる根拠も見出されない。それは端的に無根拠なのである。それはつまり存在に究極の根拠はないということである。そして「端的な無」とその否定である「無ではない」には、交わる点が一切ないということも疑いない。「無ではない」からすべてを取り払えば、無になりそうにも思えるのだが、そうではない。そうしたことが可能であるためには、「無ではない」のうちに潜在的に「端的な無」が潜んでいなければならないのだが、それは原理的にありえない。「無ではない」から「端的な無」への移行はありえない。存在が端的な無に消えいくことはありえない。つまり「端的な無であれば、それは端的な無であり続ける」し、「無ではないのであれば、それは無ではないことに留まる」のである。もちろんこの具体的な世界が消滅することはありうる。つまり「絶対に消滅しない」

とは断定できない。しかしもしそうした消滅が起こったとしても、それでも端的な無にはならない。それは原理的に不可能なのである。つまり「無ではない」は無にはなりえないのだから、現実には必然となる。それは論理的には偶然であるが、現実には（つまり現実というものが成立しているのだから）必然なのである。逆から見れば端的な無は絶対に真にはなりえない。それは論理的には可能であるが、現実には不可能である。こうした議論を展開するのに、私たちは現実の知識を一切必要としない。端的な無は、経験概念ではないし、「無ではない」は、その論理的な否定をのみ意味する。つまりそれは、端的な無が真である場合と偽である場合に関して、それら相互の関係をその定義そのものから論理的に演繹したものなのである。無の論理は、「端的な無」の定義から純粋に論理的に帰結するアプリオリな真理なのである。

こうした無の論理は、究極的な問題に言及している形而上学的主張の是非を判定することができるはずである。「究極の存在とはどういうものか」などといった問いに、（それらの問いが予想しているのとは異なる仕方で）答えを出すことができるのである。そうした問題は、「無の論理」そのものを主題化した論文が扱うはずである。だが、本章の議論からだけでも、無の論理が可能であり、しかもそれが存在の論理に先行する究極の論理であることは明らかになったはずである。それは私たちの日常に役立つ情報は何一つもたらさないかも知れない。しかしあらゆる議論の根底にある究極の問題に対しては、答えを提出する。それは少なくとも究極の真理を明らかにするものなのである。

注

（1）ドイツ語の「存在」と「無」、つまりSeinとNichtsの言葉の上での非対称性を指摘しているのが、トゥーゲントハットである。言葉の上では、Seinは「存在する」という動詞の不定形を名詞化したものであり、Nichtsは、不定代名詞を名詞化したものである。つまり文法的に見て、まったく別種の語なのである。Vgl. Tugendhat (1970), 134. この論文は、パルメニデスの存在理解を問題にしているという点でも私の考察と重なるのであるが、パルメニデス解釈のみならず存在と無の理解に関しても私と彼は大きく異なっている。

（2）ここではこうした対比の是非を問わないが、少なくとも歴史的に見れば、東洋が無一色であったわけでもないし、西洋が存在一色であったわけでもない。そもそも世界を東洋と西洋という言葉だけでカバーしようというのが無理である。事実最近では「ヨーロッパ」と「東アジア」といった表現での対比が見受けられるようになってきている。いずれにせよこうした西洋、東洋という表現そのものを再考する時期にきているのは間違いない。

（3）上記トゥーゲントハットの論文やサルトルの著作などの題名は、すべて「存在と無」である。

（4）「非無」という表現は、仏教、とりわけ中観の思想に見出されるが、その場合それは「有（存在）」を意味するわけではない。それどころかそれは「非有非無」という熟語として用いられるのである。それが意味するのは、「空」が「実体（＝有）」でもなければ、「無」でもないということなのである。したがってそこで言われる「有」と「無」は矛盾概念ではない。なお、本章では「非無」ではなく「無ではない」という表現を術語として用いるが、それは前者の表現が、こうした中観の思想を連想させてしまうからである。何しろ中観思想は、そこからさらに「非非有非非無」と言うのである。ちなみに『無ではない』は論理的に考えうる第一の真理である」と主張した本書第一章のドイツ語オリジナルでは、「無ではない」を表わすのにNicht-Nichtsという表現を用いている。

（5）「空間がそれ自体で存在するのかどうか」を巡っては、ライプニッツとクラーク（ニュートンの代弁者）の論争が有名である。カントの空間論は、この両者の論争を議論の前提としているのである。

（6）ハイデガーは、「無の形式的概念」から「本来的な無」への移行を語っている（GA 9, 109）。しかしまさにこのことが、彼の語る無が、端的な無ではないことの証しである。

（7）Fr. 8, 19. パルメニデスからの引用は、DK I からである。引用の際は、断片番号と行のみを示す。

（8）Fr. 7, 1–2.

（9）プラトン『ソピステス』237E.

（10）Ebenda. 262C.

（11）哲学の歴史で「存在そのもの　ipsum esse」という表現が用いられるのは、主に中世のスコラ哲学においてであるが、それは私たちが日常的に関わっている「被造的存在」を「存在せしめるもの」（＝「神」）のことなのである。つまりそこでは「被造的存在」と「それを存在せしめる存在そのもの」という区別が立てられたのである。だが、こうした区別には決定的な難点がある。ここで言われる「存在せしめる」という表現が何を意味するのか、私たちは正確に語ることができないのである。

（12）たとえば西田幾多郎は「絶対無の論理」という言葉で自らの思索を表現したが、彼の「絶対無」もまた世界を説明する原理あるいは世界原理そのものなのであるから、それは存在の論理に属することになる。こうしたことは、西田哲学に限らず、「無」を世界原理とするあらゆる思想に当てはまる。いや、そもそも「世界原理」を探求する営みはことごとく「存在の論理」にならざるをえない。したがって西田達が語る「絶対無の論理」は、私が言う「無の論理」とは異なる。彼らが語る「絶対無」は、「端的な無」ではない。そもそも彼らの議論に「端的な無」は見出されない。西田の語るもう一つの無、つまり「相対的な無」も、相対的な存在の否定なのであって、端的な無ではない。なお、「存在の理解を前提にすること」と「存在を前提にすること」はただちに同じではないが、私たちの「存在の理解」は、何らかの存在を前提に成立していることは間違いない。つまり「存在の理解」は、何らかの「存在」を前提とするのだから、（ハイデガーが言うような意味での）「存在を問うこと」は必然的に「存在の論理」に属するのである。詳細は本書「生の呪縛」参照。

（13）だが、哲学者の中には「存在することが存在する」といった表現を用いる者がいる。パルメニデスには「存在するものが存在する」と訳されるテキスト（τὸ ἐὸν ἔμμεναι : Fr. 6, 1）があるが、この箇所は「存在することが存在する」と訳すことも可能である。パルメニデスの「存在するもの　τὸ ἐόν」は、「存在すること」を意味しているとも考えられるからである。そしてもっとはっきりと「存在が存在する」と語るのはハイデガーである。ただし彼は、“Sein ist” とは言えないと言い、“Es gibt Sein” と言う。Vgl. GA 16, 9. ここではこれ以上論じる事はできないが、彼らがこういう語り方をせざるをえなくなったのは、無の論理で語られるべき事柄を存在の論理で語ったからであるように思われる。

参照文献

Tugendhat, E. (1970), Das Sein und das Nichts. In *Durchblicke. Festschrift für Martin Heidegger*, Frankfurt am Main.

三　「思索の事柄」と「無」

ハイデガーにとって「思索の事柄」とは、存在であった。存在こそが思索の事柄であり、存在はまさに思索において存在という姿を現す。こうした思索と存在の共属（Zusammengehörigkeit）という考えは、ハイデガー思想の核心と言ってよいだろう。しかし彼によれば、こうした思索と存在の共属を主張したのは、彼が初めてではない。その最初の形は、彼が西洋哲学の根源命題（Ursatz）と呼んで繰り返し引用するパルメニデスの断片三に現れているというのである[1]。いわく「存在と思索は同じものである（τὸ γὰρ αὐτὸ νοεῖν ἐστίν τε καὶ εἶναι）」[2]。とはいえこの断片は、研究者の間でも解釈が大きく分かれており、それ自体の理解が一筋縄ではいかないものである。翻訳に関しても、上記のように訳す研究者と「同じものが思惟されうるのであるし、存在しうる」と訳す研究者に二分される。しかしいずれの訳であれ、「思索は存在をこそ思惟する」ということを意味する点では一致している。ハイデガーは、この根源命題を「存在と思索は共属している」と解釈する訳であるが、では、パルメニデスもまた存在こそが思索の事柄であると考えているのだろうか。実はこの断片三に先行すると考えられている断片二には、次のような言葉がみられる。

さあ、私は語ることにしよう、あなたはその言葉を聞いて心にとどめよ。
いかなる探求の道だけが思惟されうるのかを。
一つは「存在する」そして「非存在はありえない」という道、
これは説得の女神の道である（なぜならそれは真理に即しているから）。
もう一つは「存在しない」そして「非存在が必然である」という道、
これがまったく知り得ない道であることを、私は汝に示そう。

εἰ δ᾽ ἄγ᾽ ἐγὼν ἐρέω, κόμισαι δὲ σὺ μῦθον ἀκούσας,
αἵπερ ὁδοὶ μοῦναι διζήσιός εἰσι νοῆσαι·
ἡ μὲν ὅπως ἔστιν τε καὶ ὡς οὐκ ἔστι μὴ εἶναι,
Πειθοῦς ἐστι κέλευθος（Ἀληθείῃ γὰρ ὀπηδεῖ）,
ἡ δ᾽ ὡς οὐκ ἔστιν τε καὶ ὡς χρεών ἐστι μὴ εἶναι,
τὴν δή τοι φράζω παναπευθέα ἔμμεν ἀταρπόν·

ここでは二つの道だけが「思惟されうる」と言われているが、その二つとは「存在の道」と「非存在の道」なのである。では、この断片は何を語っているのか。そもそも第一の道の「存在する」にも第二の道の「存在しない」にも主語が書かれていないのはなぜか。この主語なき存在の主語は何か。この問題は、パルメニデス研究の最重要テーマなのだが、様々な解釈があって、いまだにスタンダードと言えるものはない。しかしいずれにせよ、第二の道においてある種の「非存在」つまり「無」が語られていることは間違いない。つまり彼は「存在の道」とともに「無の道」が思惟されうると言っているのである。彼の言う「思索」は、存在のみならず、無をも問題とする。では、存在の道、無の道とは何を意味するのか。

私は、この選言（disjunction）を「まったく何もないのか、それともそうではないのか」を意味するものと解する。無の道とは「まったく何もないこと」を意味し、存在の道とは「まったくの無ではないこと」を意味すると考えるのである。こうした解釈は、これまで一度も唱えられたことがないものであるが、それがパルメニデス解釈として適切かどうかはさておき、より一般的な問題として、この「まったく何もないのか、それともそうではないのか」という問いが、論理的に考え得る第一の問いであることは疑いないように思われる。

「まったくの無か、それとも無ではないのか」という問いは、私が知る限り、哲学の歴史において一度も問われたことがない。哲学は、その始まりからずっと「究極のもの」を問うてきたはずなのであるが、この論理的に究極の問いは問うたことがないのである。私自身は、パルメニデスが断片二において語ったのはこうした問いであったと考えるのだが、彼にしても文字通り「無か、無ではないのか」と問うているわけではない。文字通り「端的な無」（＝「まったく何もないこと」）が問題である、と述べた哲学者は、これまで存在しないのである。

論理的に究極の問いにおいて問題となっているのは、存在ではなく無である。ここでは端的な無が問題である。ここで「端的な無」というのは、「まったく何もないこと」を意味する。そうした端的な無が思惟されねばならない。しかし哲学の歴史において、それは一度たりとも問われたことがない。なぜか。誰の目にも、その問いが馬鹿げているように見えるからである。こうした問いが存在すること自体、「無ではないこと」を証明しているのであって、そういう意味でもこの問いを問うことは自己矛盾であるように見える。「無ではないこと」は明らかなのだから、「無か」と問うことは意味がないというわけである。

私自身、「無ではないこと」を否定するつもりはない。しかしそれでもとにかく「まったく何もないこと」は可能である。ここで言う「可能」とは、「論理的に矛盾を含まない」ということである。それは真ではないのだが、真である可能性を持つ。論理的な可能性としてみた場合、無は可能である。

「まったく何もないこと」つまり端的な無は、論理的に可能である。ここで大切なのは、こうした論理的可能性と「現実になり得る」あるいは「存在しうる」という現実可能性を混同しないことである。私は「無は存在しうる」と言っているのではない。しかし「無は存在しない」とも言わない。端的な無について「存在する」「存在しない」と言うのは、カテゴリー・ミステイクである。私たちは、「まったく何もないことが存在する（あるいは「存在しない」）」などとは言わないのである。

従来の哲学の多くは、無を無造作に論じてきた。「無は存在しない」「無は語れない」「無は思惟できない」とひとが言うとき、その「無」は何を意味するのか。哲学者は、存在の多義性は様々に論議してきたが、無の多義性はどうか。むろんアリストテレスやカントのような人々は、こうした無の多義性を自覚し、問題にしているのだが、(3)彼らのような例を除けば、ほとんどの哲学者が無を無造作に語ってきた。しかもアリストテレスやカントですら、本書が問題にしている「端的な無」については考察していない。哲学の歴史において、端的な無が論じられることはきわめて稀なのである。哲学の議論の中で「無ではないこと」を前提としていない議論を探してみればよい。そのような議論は、まず見当たらないはずである。「なにゆえ或るものがあって、むしろ無ではないのか」(4)というライプニッツの有名な問いでさえ、「無ではないこと」を前提に語られているのである。では、哲学の歴史が論じてきたのは、どのような無なのだろうか。

そもそも一切の哲学的議論がそこから始まった古代ギリシアにおいて、「無」は、μὴ ὄν という形で表現されていた。それは、ὄν の否定なのである。しかしここで問題となるのは、この ὄν が、単純に「存在するもの Seiendes」だけを意味するのではない、ということである。ハイデガーは、『存在と時間』の冒頭にプラトンの『ソピステス』の一文を掲げているが、その文章に表れる ὄν を、彼は seiend と訳している。(5)そこに姿を現す「存在」は、不定形の εἶναι ではなく、ὄν だったのである。ギリシア語の ὄν は、「存在するもの」のみならず「存在することを」をも意味する。だとすれば当然その否定である μὴ ὄν もまた、「存在しないもの」のみならず「存在しないこと」を意味するはずである。しかし哲学の歴史において、μὴ ὄν という否定形は、プラトンの圧倒的な影響の下、おおむね「存在しないもの」を意味することになる。つまり「形（＝形相）なきもの」「イデアなきもの」が無とされたのである。こうして無は、「存在しないこと」ではなく、「存在しないもの」を意味するようになった。無が「存在しないもの」を意味するのであれば、「無は存在しない」と言うのは同語反復であり、その結果無が語れないのも、思惟できないのも当然であるように思われたのである。しかし無には「存在しないこと」という意味もある。そしてその究極として「まったく何もないこと」も意味しうる。本書が問題にしている「無」は、従来の哲学が問題にしてきた「存在しないもの」ではなく、「まったく何もないこと」を意味するのである。

私は、従来の哲学が「まったく何もないこと」すなわち端的な無を問題にしてこなかったという事実を存在の呪縛と呼んでいる。存在の呪縛のもとでは「無」もまた存在の論理を前提にして語られることになる。それは何らかの存在するものの不在や欠如を意味する。こうしたことが当たり前である限り、究極の無というものもまた一切の存在するものの不在を意味することになる。ひとは無を常に存在の側から考察しようとする。しかしもしも「まったく何もないこと」が真であるとしたら、そこでは何が否定されているのか。そもそもまったく何もないのであれば、そこには否定される当のものすらないはずである。無が真であれば、否定ということもない。端的な無は、それ自身「否定」ではない。私たちは「無ではないこと」の内に生きているので、そこからしか無を見ることができないのだが、無が真であれば、そうした出発点そのものが否定されるのである。むろん現実に即せば、すでに「無ではないこと」が事実として成立しているのであり、いまさら「まったく何もないこと」が真でありうるはずもない。したがって「無が真である」というのは虚構である。私たちは、無が真であることを非現実の話法でしか語ることができない。しかし繰り返すが、無が真であることは、少なくとも論理的には可能なのである。

無は論理的に可能である。ここで問題なのは、それがあくまでも論理的な可能性として論じられているということである。「まったく何もないこと」が真であれば、それを語る私も存在しないはずであるし、そもそもそうした文そのものがないはずである。そこでひとは「まったく何もないこと」を語ることがナンセンスであると言う。しかし他方、可能性としてみれば、私は私が存在しなかったと想定することができる。そうした文章そのものが存在しないということ、さらには端的な無が真であることを想定できる。こうした想定がアプリオリに偽であると言うことはできない。端的な無は、確かに偽であるが、それは多くの哲学者が考えるようにアプリオリに偽なのではない。

端的な無はアプリオリに偽ではない。したがって「無ではないこと」も、アプリオリに真ではない。それがアプリオリに真であれば、「無か」という問いは、問いとして意味をなさなくなるかも知れない。しかし「無ではないこと」はアプリオリに真ではない。少なくとも論理的な可能性としてみた場合、「端的な無」と「無ではない」の間に優劣は存在しない。にもかかわらず哲学の歴史は、この問いを一度たりとも立てることがなかった。その理由をここで詳しく論じることはできないが、その理由の一つとして、ヨーロッパ諸語の特性、つまり「『なにもないこと』を語るのに、be動詞あるいは存在を表す動詞を用いなくてはならない」という特性だけは指摘しておこう。ヨーロッパの思索は、その言語からして存在の呪縛のもとにある。ヨーロッパ諸語の場合、無は「何も存在しない」という形でしか語ることができないのである。

端的な無は存在の否定ではない。少なくとも存在の側から語られるべきものではない。無を「存在の否定」としてしか見ない立場では、無を理解するためにはまず存在を理解する必要がある。しかしそうすると存在の謎が、そのまま無の理解に波及することになってしまうのである。

存在を前提にした議論では、端的な無は偽という位置づけを脱することができない。他方「無か、無ではないのか」という「問い」においては、それが問いであるがゆえに、無はまだ真とも偽とも確定していない。そういう意味でここで言われている「無」と「無ではない」は、真でもなければ偽でもない未決定の可能性なのである。繰り返すが本書は「無ではないこと」の真理を疑っているのではない。そうではなくて可能性としての「無」と「無ではない」が、互いにどういうものであるのかを、一旦その真偽を離れて考察してみようというのである。と言うのもこれまでこうした無は、ライプニッツの例の問いに顕著に表れていたように、存在を照らし出すための跳躍板のような役割に留まり、「無ではない」と言われた途端にお払い箱になっていたからである。それはあまりにも即座にお役ご免となるので、誰一人として、一旦その選言に立ち止まって、それぞれを考察してみる気にはならなかったのである。

では、答えではなく、あくまでも問いの次元に留まる「無の可能性」と「無ではないという可能性」を考察して、何が明らかになるのか。「無ではないこと」は、普通の考えでは「存在」を意味するのだから、そこから何かが明らかになるならば、少なくとも「端的な無」と「存在」の関係が明らかになるはずである。しかも「無ではない」は、疑いもなく「存在」の究極の含意である。つまり本章は、「存在の究極の意味」と「端的な無」がどのような向き合い方をしているのかを明らかにするのである。

まず確認しなくてはならないのが、本書が「端的な無」と呼ぶ無は、徹底的に形式的な無、理念的な無だということである。それはいかなる実質も持たない。それは原理的に絶対に経験できない。それはハイデガーの「不安が開示する無」(6)などとは異なる。ハイデガーであれば、本章の議論を「形式的な議論でしかないのであり、現実の存在を問題にしていない」と言うであろう。私はそれに反論しない。その通りだからである。しかしなぜ形式的な議論ではいけないのか。「生きた存在、現実の存在」は「無ではない」という含意を持たないとでも言うのだろうか。私にはどうしてもそうは思えない。それが現実の存在の理解であれ、形式的な存在の理解であれ、そのいずれもが「無ではない」を含んでいることは確かなのである。

本章は、「現実の無」「現実の存在」を問題にするのではない。そもそも「現実の無」は、端的な無ではあり得ない。なぜなら私たちが「現実」と呼ぶものは、すでに「まったくの無ではないこと」を前提としているからである。もしもまったく何もないのであれば、現実ということもないはずである。端的な無は現実の中には決して姿を現さない。それは不在という形ですら姿を現さない。端的な無は、存在、つまり私たちの言葉で言えば「無ではないこと」が前提となるところでは、問題になり得ない。存在と並び立てられる無は、もはや端的な無ではない。端的な無は、存在の欠如、あるいは不在ではない。存在が立てられたところから、その否定として考えられるような無は、端的な無ではない。

端的な無は論理的に可能であるが、その可能性は、私たちが普段考える「現実化しうる」という意味での可能性ではない。それは定義上、現実化しえない。つまり「無か、無ではないのか」という問いにおける「無」と「無ではない」は、それぞれが同一次元上で語られているように見えながら、それぞれが真である時に、一方は、いかなる現実も成立しないのであり、他方は、それが真であることで、現実そのものが成立するという、まさに原初的な違いを持つのである。それは「この部屋には、机があるのか、ないのか」という有無の問題とは、まったく異なった問いなのである。後者の問いにおいては、「机があること」も「ないこと」も、いずれも現実の中で語られうるのだが、私たちの問いはそうではない。端的な無は、現実の無の総体ではないからである。

そもそもこの議論は、現実を問題としない。本書が問題にする端的な無は、少なくとも一度は現実に対する関心を断念しなくては、問うことすらできない。「無ではない」という可能性は、それだけではいかなる現実も説明しない。そういう意味でそれは何の役にも立たない。しかしそうした無意味さに耐えるのでなければ、無を問うことはできないのである。

私の解釈では、こうした無を問うたのがパルメニデスである。古代ギリシア哲学の根本原理と言われる「無からは何も生じない、ex nihilo nihil fit」という原理も、本来は端的な無についての言明であったのである。端的な無からは何も生じない。これは端的な無の定義からして明らかである。それは何らかの原理を前提とする推論ではない。まったく何もないのであれば、まったく何もないままでしかありえない。そういう意味では無が真理であれば、それは無のままでなければならない。パルメニデスが「無の道」に関して言ったように「無は必然」なのである。(7)

思想史的には、しばしば「無からは何も生じない」というギリシアの原理は、キリスト教の「無からの創造、creatio ex nihilo」という考えによって乗り越えられたと言われる。しかしそうした乗り越えが語られるのは、そこで語られた「無」が、ある種の「存在しないもの」、すなわち「質料」と考えられたからである。むろん質料を無と考えるのは、プラトン以降のギリシア哲学のドグマなのであるが、もしそこで言われる「無」が端的な無を意味すると考えられるのであれば、それは「無からの創造」などという考えで乗り越えられるはずがない。「無からの創造」は創造する神の存在を前提としているのであって、それ自体がすでに「無ではないこと」を前提としているからである。ここで言われているのは「神は、世界を創造するに当たって、いかなる質料（すなわち素材）も必要としない」ということなのである。(8)

こうした無の理解の変遷は、哲学の歴史に姿を現す「無」を考察するに当たって決定的に重要なはずであるが、無について言及する哲学者の多くが、こうした経緯を無視したままで「無からは何も生じない」というギリシアの原理はもはや通用しないと述べている。しかしこの原理は、それが端的な無を意味するのであれば、相変わらず真理である。何かが生じるのであれば、それは無ではない。「無ではない」は「無ではない」からのみ帰結する。端的な無を前提としてそこから帰結する「無ではない」などあり得ない。つまり端的な無を前提とする存在はあり得ないのである。

端的な無からは、定義上何も帰結しない。パルメニデスが「無の道は知ることができない」と述べたゆえんである。(9) 端的な無は、論理的に可能、つまり思考可能であるが、そこからは何も帰結しないという意味で、何も知られることがないのである。言うまでもなくここで展開されている議論は、すべて「無」の定義の形式的な展開に過ぎない。これまでの議論には実質的な内容は何一つ含まれていない。それにもかかわらず私たちの議論は、「端的な無」から「無ではない」への移行が不可能であることを明らかにした。「無ではないこと」は、「端的な無」からは帰結しない。それは必ず「無ではないこと」から帰結するのである。

こうした形式的な議論で存在を論じるのは、何やらきわめてナイーブなアナクロニズムであるようにも思える。二千数百年の哲学の歴史をないがしろにして、その創始者の一人であるパルメニデスの思想に立ち戻っただけであるようにも見える。そうかもしれない。だが、もし私の解釈が正しければ、現代に至るまでの哲学の歴史は、その始原において開示された決定的な真理を継承し損ねていることになる。私の考えでは、本書が展開してきた無を巡る思索を、哲学は存在の呪縛のもとで見失い続けてきたのである。本書の基本的な主張は、それをあらためて主張することがいささか気恥ずかしくなるほど単純である。かくも単純なことが偉大な思想家たちによって見過ごされてきたというのは、ありえない話のようにも思える。しかしその歴史には、端的な無への注意を阻み続ける「存在の呪縛」が潜んでいたのである。

存在の呪縛とは、生の呪縛であり、意味の呪縛である。あらゆる意味は、「無ではないこと」を前提としている。

あらゆる意味の前提は、そうした意味を守ろうとする者にとっては、それを問うことがタブーとなる。それを問えば、あらゆる意味が動揺するように思われたからである。ヨーロッパは、そうしたあらゆる意味の前提を「神」という名で絶対的に確保しようとしてきた。存在への問いは、神という「それ以上、問うてはいけないもの」を立てることで、安住の地を見出そうとしてきたのである。私たちが、こうして無を論じることができるようになったのは、そうした「意味の動揺」に対する免疫ができてきたからであろう。ニヒリズムの時代だからこそ、私たちは存在の呪縛から解放されて、無を考察できるようになったのである。

哲学者達は、無が真理でありうるという可能性に一度たりとも立ち止まろうとはしなかった。彼らは一度たりとも真剣に「無か」と問いはしなかったのである。「無は偽である」と言えば、即座に存在の議論を始め、その結果偽である無はお払い箱となった。本書は、これまでの哲学が「無ではないことが真理である」と言うや否や即座にお払い箱にした「無」に注意を払うことで、これまでの哲学が見逃してきたものを手に入れようとする試みである。それは、偉大な哲学者達のほとんどすべてが注意を払おうとはしなかった事柄を問題にしているのだから、ひょっとすると「愚かな」試みであるのかもしれない。しかし誰も関心を持たないからと言って、それが本当に愚かなのかどうかは、実際にその道を歩み抜かなくては分からないだろう。

そもそも哲学には「常識」というものなど存在しない。誰もが認めて、それをもはや誰も論じなくなるような、そういう常識は存在しない。そうした常識があれば、それ自体の存在が哲学的ではない。ドグマを立てることが哲学の仕事ではない。むしろドグマを吟味することが哲学の仕事なのである。本書の考察は、少なからぬ哲学研究者にとって「無意味」であり、「愚か」であるように見えるらしい。しかしそれが完全に明らかとなるまでは、それはまだ確定していない。哲学は自明と思われる事柄の一つ一つを不断に問い直す営みなのである。

パルメニデスは、無を前提とする道は偽であると言う。私もそれに同意する。しかし彼は、少なくともその道の思惟可能性を認めていたのである。無の道はアプリオリに偽なのではない。無が偽であること、あるいは「無ではない」が真であることは、論理的に説明できるものではない。「端的な無」という可能性と「無ではない」という可能性に先行する何かなど存在しない。したがって「無ではない」を真理たらしめる何かが、この原初の二つの可能性に先行して存在することもありえない。その真偽を決定するのは論理ではないのである。

パルメニデスにおいては無から存在への移行ということはありえない。つまり無というものがあって、それが何か動的に否定されて「無ではない」が成立するのではない。彼が「生成の否定」ということで言おうとしているのは、端的な無から「無ではない」への道は存在しないということなのである。思考可能な二つの道を結ぶ道は存在しない。この二つの道は交差することがない。

最後に、これまでの議論における思索の役割を簡単に確認しておこう。「無ではない」は、「無が偽である」ということであるが、言うまでもなくこうした「端的な無」は、世界の中には見出されない。それは存在の一部ではない。それは対象として見出されることが原理上ありえない。では、それはどうやって問題とされうるのか。それを思索が思惟しうるからである。思索が無を思惟することができるからこそ、「無ではないこと」が認められる。つまり「無ではない」は、思索を必要とする。思索がなければ、「無ではない」は明らかにはならない。他方「無ではない」からこそ、思索は成立する。ここに思索と「無ではない」の相互依存関係が見出される。パルメニデスが断片三において語らんとしたのが、こうした思索と「無ではない」という「存在の真理」の相互依存関係であったのかどうかは、今のところ断定できない。しかし事柄からして、思索こそが存在の「無ではない」という究極の含意をあらわにすることだけは確かである。だが、それは思索が無を思惟したことの結果である。思索が無を主題としたからこそ、存在の究極の含意である「無ではない」があらわとなったのである。存在の究極の含意を思惟するのに決定的に重要な「思索の事柄」は、実は存在ではなく、無だったのである。

注

（1）GA 40, 143.
（2）パルメニデスからの引用は、DK I からである。引用の際は、断片番号と行を記す。
（3）アリストテレスと言えば、存在の多義性を指摘した事で有名であるが、そうした多義性への言及は、同時にその否定形である「非存在」つまり「無」の多義性を明らかにすることでもある。Vgl. Metaphysica 1089a15. カントに至っては、はっきりと「無の多様な意味」が、範疇にのっとって語られている。『純粋理性批判』B 384。
（4）G. W. Leibniz, *Principes de la Nature et de la Grâce fondés en Raison*, § 7.
（5）GA 2, 1.
（6）Vgl. GA 9, 114.
（7）Fr. 2, 5.
（8）こうした経緯をコンパクトにまとめた文献として次のものがあげられる。May（1978）.
（9）Fr. 2, 6.

参照文献

May, G. (1978), *Schöpfung aus dem Nichts*. Berlin.

四　日本語で哲学すると
――存在を問うために――

ヨーロッパの言語と異なる言語で哲学的問題を考えていくとどうなるのか。日本語を一つのモデルとして、この問いを掘り下げようというのが本章の狙いである。(1) 言うまでもなく哲学は、古代ギリシアで生まれ、その後もヨーロッパで展開された営みである。そういう意味で哲学の母語は、ヨーロッパ諸語であると言っても過言ではない。本章が問題としたいのは、普遍的な問題を扱うとされる哲学が、ヨーロッパという地理的に限定された場所で生まれ、その営みそのものの土台となる言語もまたギリシア語を初めとするヨーロッパ諸語に限定されてきたということである。(2) 哲学は、その始まりから何らかの普遍的な言語によって展開されてきたのではない。それは普遍性を目指す営みでありながら、その営みの土台となる言語ということに限ってみれば、ヨーロッパという特殊性に縛られ続けてきたのである。しかしこれまでの哲学は、こうした経緯を十分深く反省してきたとは言い難い。ヨーロッパ諸語のもつ特殊性を哲学者自身が深く反省するということは、ほとんどなされてこなかったのである。

欧米の著名な哲学者の中に、ヨーロッパ諸語以外の言語に通じた者は、これまでほとんどいない。つまり彼らは、自らの哲学をヨーロッパ諸語という枠組みの中でしか展開することができなかったのである。その結果当然のことであるが、彼らの中の誰一人として、そうしたヨーロッパ諸語が持つ特殊性や限界、制約といったものを明確に自覚する者は出てこなかったのである。それどころか、ハイデガーなどに顕著に見られるように、ギリシア語やドイツ語こそが哲学の言語にふさわしいといった見解すら見られる。様々な領域における欧米中心主義というのは、人口に膾炙して久しいはずだが、哲学者自身が、哲学における欧米中心主義を真剣に反省することは、これまでほとんどなされなかったのである。

こうした傾向に抗する非欧米系の哲学ということでいえば、たとえば日本の京都学派などがあるだろうが、彼らの欧米哲学を批判する切り口は、往々にして非常に一面的である。少なくとも彼らの批判が、欧米の哲学者達の見解に大きな影響を与えたということはない。むろんこうした実情は、ただちに「京都学派の哲学は説得力を持たない」ということを意味するわけではない。しかし実情としてみるならば、哲学の枠組みは、いまなお、決定的なまでにヨーロッパ的なのである。

とはいえこうした小論で、ヨーロッパ諸語の持つ特殊性一般を問題にすることはできない。そこで本章は、哲学の一つの問題、ただし古代からその最も中心的な問題とされてきた「存在への問い」に焦点を当てることにする。私のみるところ、まさにこの「存在への問い」において、ヨーロッパ諸語の持つ特殊性が問題化するからである。結論を先取りするならば、ヨーロッパ諸語は、「ある（存在する）」にあたる動詞（つまり英語の be 動詞に相当する動詞）に特権的地位を与えたことから、(3)「存在論」という問題領域を設定することに成功したのだが、まさにその「存在」の特権化の故に、存在を問うための決定的な視点を見失うことになったのである。私は、こうした経緯を、哲学の一切の歴史を貫く「存在の呪縛」と呼んできたのだが、従来の哲学は、この存在の呪縛から逃れることができず、その結果、「存在は究極の謎である」と言うに留まったのである。

では、私が言う「存在を問うための決定的な視点」とはどういうものか。それは、存在の究極の含意（implication）を「まったくの無ではない（Nicht-Nichts, non-nothingness）」ことに見て取るというものである。これは、あまりにも当たり前に思われるかも知れない。しかしこうした視点は、哲学のすべての歴史を通じて、これまで一度も提唱されたことがない。それどころかこのような主張を掲げると、哲学の専門家から必ずと言って良いほど「無は語れない」という反論が返ってくる(4)。無は語れないのだから、無の否定もまた語れないというわけである。本当にそうなのだろうか。

ここで私は、一つの「奇妙に見える問い」を立てることにする。それは、私の考えでは、あらゆる問いの中でも究極の問いであるはずなのだが、これもまた哲学の歴史において一度たりとも問われたことがない。その問いとは、「まったく何もないのか」という問いである。

まったく何もないのか。すなわち「端的な無」は真か偽か。それが本章の提示する問いである。私の考えでは、この問いこそ、論理的に考えることができる原初の問いである。それは哲学の究極の問いなのである。しかしこの問いは、これまで一度たりとも問われたことがない。私が知る限り、著名な哲学者の誰一人として、この問いを立てた者はいない。その理由は幾つも考えられるだろうが、この問題を探っていくと、ヨーロッパ諸語における「無という表現に対する存在という表現の優位」という事情に行き当たる。上記の問いが立てられなかった主な理由の一つは、言語上のものなのである。ヨーロッパ諸語に潜む或る言語上の制約が、かの問いを問うことを妨げてきた。したがってこの問いを問うためには、そうした制約を持たない「別の言語」が必要である。後述するように、日本語はそうした「別の言語」の一つなのである。しかしまずは、かの問いが馬鹿げたものではないことを明らかにしなくてはならない。

そもそもまったく何もないのか。この問いはきわめて奇妙なものに見える。その答えが、すでに明らかだからである。「何もないのではない」ことは、何よりも明らかである。普通、その答えがそもそもの初めから明らかであるような問いを立てることは馬鹿げている。この問いは、それが存在すること自体で、すでにまったくの無ではないことを示している。だからそれは馬鹿げているように見える。しかし答えではなく、問いそのものが肝心であったとしたらどうか。答えではなく、問いの構成要素、つまり「端的な無の可能性」が肝心であるとしたらどうか。

問題は、「まったく何もない」ことの真偽である。もちろん「まったく何もない」は真ではない。しかしそれは、本当に「最初から」明らかなのだろうか。そもそもこの「最初から」とは、何を意味するのか。私たちは、論理的に間違っていること、つまり矛盾がある場合に「その間違いは最初から明らかだ」と言う。たとえば「丸い三角形」は論理的に間違っている。しかし他方では、すぐに間違いが見て取られる場合にも、同じ事を言う。私が「私は存在しない」と言えば、誰もその発言を相手にしない。それが偽であることは、最初から明らかなのである。とはいえ「私が存在しない」ことは可能である。その文を私自身が語るから、そこに矛盾が生じるのであって、その文そのものの中に矛盾が潜んでいるわけではない。つまりそれは論理的に偽とは言えない。前者の偽は論理的であるが、後者の偽は論理的ではない。では、端的な無が真でないことは、論理的に明らかな偽なのか。そうではない。それは論理が明らかにする偽ではない。というのも、端的な無は、論理的には矛盾を含まないからである。それは論理的には可能なのだ。端的な無が偽であることを明らかにするのは、無そのものの定義ではない。それが真でないことは、論理の問題ではない。端的な無は、論理的には矛盾を含まない。そこには矛盾がない。そもそも矛盾が成立するには、互いに相容れない二つの可能性が必要なのだが、端的な無は、その定義上そうした複数の可能性を持ち得ない。したがって無は矛盾を含まない。つまり論理的には可能なのである。

ここで注意しなければならないのは、「無」という名詞の用法である。実は哲学の歴史において、「無」という言葉は、ほとんど常に「存在しないもの」を意味してきた。ギリシア語では、それは、μὴ ὄν と表現されたのであるが、それは、ὄν、つまり「存在する」という動詞の現在分詞に、μὴ という否定辞がついたものなのである。[5] これは、英語で言えば、non-being、ドイツ語なら Nicht-Seiendes に当たる。それに対してここで問題となっている「端的な無」は、「まったく何もないこと」を意味する。「存在しないもの」は、定義上存在することがありえない。その主語自身が「存在しない」と言っているからである。哲学が、「無は存在しない」と言い続けてきたゆえんである。しかし「まったく何もないこと」、つまり端的な無は、可能である。今後の議論のためには、この両者を、厳密に区別しておかなくてはならない。

端的な無は論理的には可能である。しかしそれは真理ではない。それは現実には真ではないにもかかわらず、論理的な可能性としては矛盾を含まない。ところが私たちは、「現実には無ではない」ことを見て取るやいなやただちに無の可能性から目をそらしてきたのである。

「まったく何もないこと」は論理的には可能である。しかもそれは、あらゆる可能性の中でも究極の可能性である。この可能性の前には何もあり得ない。端的な無に先んじるものなど原理的にありえないのである。したがって

「まったく何もないのか」という問いは、論理的に見て究極の問いである。この問いに先行する問いは存在しない。ライプニッツが立てた「そもそもなぜ無ではなくて、何かが存在するのか」[6]という問いこそが究極の問いである、と言われることがあるが、この問いは、すでに「まったくの無ではない」ことを前提としている。つまりそれは究極の問いではありえないのである。

そもそも何もないことは論理的に可能である。しかし従来の哲学史において誰一人「まったく何もないのか」と問うた者はいなかった。哲学者達ですら、「端的な無は現実には偽である」ことに満足して、そうした現実に先行する究極の論理的可能性、つまり端的な無に関心を持つには至らなかったのである。私は、こうした哲学史の事情を「存在の呪縛」と呼ぶわけだが、哲学のすべての歴史は、この呪縛の下にある。哲学の歴史は、無ではないことを自明の前提と見なし、そこからその自明性をさらに掘り下げることはなかったのである。

しかしながらそもそも哲学とは、あらゆる前提を改めて問い直していく営みのはずである。にもかかわらずそれは、端的な無の可能性を問おうとはしなかった。哲学にとって大切なのは、「無ではない」という現実だけだったのである。しかし現実だけが問題なのだろうか。現実だけが問題であるというなら、私たちはなぜ現実を批判したりするのか。私たちが現実を批判するのは、実際に起こるのとは別のことが可能だからである。現実だけが問題だというのであれば、どうして人は未来を気にするのだろう。未来は、まさに可能性から成り立っている。「今」の現実というのも、過去においては可能性の一つに過ぎなかったのである。様々な可能性の中から、一つの可能性が現実となる。可能性は現実に先行する。そして哲学が向かうべきは、一切に先行するもの、つまり第一原理なのである。

ところで論理的に不可能なものは現実化しえない。「或る三角形が四角である」ということは、論理的に不可能であり、その結果現実化することもありえない。つまり可能性は現実を限定する。それゆえ現実だけではなく、可能性もまた思索が問題とすべきものなのである。(7)

端的な無は論理的には可能であるにもかかわらず、哲学者達はその可能性を考察しようとはしなかった。「まったく何もないのか」という問いにおいて問題となっているのは、端的な無に他ならない。端的な無は真であるのか偽なのか。それがここでの問題である。ここでもう一度強調しておくが、問題なのは答えではなく、無の可能性である。現実には無は偽であるが、この問いそのものに留まる限り、その答えはまだ問題ではない。無は偽であるが、このことは、論理的、すなわちアプリオリに出された答えではない。無はアポステリオリに偽なのである。無と「無ではない」は、問いの事柄としては可能である。ここで問題としたいのは、「端的な無」と「無ではない」が、どのようなコントラストを形成するのか、ということである。もしこの問いから何かを認識することができたならば、その認識は、現実にも当てはまるはずである。すなわちそこからは「現実の存在」に関する知識が得られるのである。なぜなら「無ではない」が存在の含意であることは間違いないからである。「無ではない」こそが、存在の究極の含意である。どのような存在であれ、それは自らのうちに「無ではない」を含意している。ここで私たちは、存在への問いを「存在」という語を使わずに究明しようとしているのである。

しかし実はこうした考察をヨーロッパ諸語でもって展開しようとすると、深刻な問題に突き当たる。というのもヨーロッパ諸語の場合、「何もないのか」ということを表現するのに、存在を表す動詞を用いざるを得ないからである。英語で「まったく何もないのか」という問いを表現しようとすると、Is there entirely nothing? となるし、ドイツ語では、Gibt es absolut nichts? となる。つまりそこには、there is や es gibt のように「存在」を表す表現が現れる。その結果そこでは、無を理解するのにあらかじめ存在を理解する必要があるように思えてしまう。こうした言語表現に基づく限り、無の理解は存在の理解を前提とするように見えるのである。このことは、ヨーロッパ諸語の場合当たり前のことのように見える。では無は、事柄として、存在を前提とするのだろうか。無を理解するには、存在の理解が必要だと言われるのであるので、そう考えざるを得ない。無は非存在あるいは「存在しないもの」を意味するのである。存在は、表現上無に先行する。それは自明のことのように見える。しかし本当にそうなのだろうか。

無を考えるためには、それに先だって存在を理解しておかねばならない。哲学の歴史において、このことは疑われたことがない。しかしそれは必ずしも至る所で真理なわけではない。少なくとも表現の問題に関して言えば日本語ではそうではない。現代日本語で「まったく何もない」と言うとき、そこには存在を表す動詞は姿を現さない。漢字文化圏において「無」という漢字は、表現上「存在」もしくは「有」の否定形ではない。すなわち「無」という文字は、「存在」もしくは「有」という文字とは無縁なのである。私たちの言葉の場合「無」を表現するのに、「存在」に当たる言葉を用いる必要がない。少なくとも日本語の「無」は、「存在」という表現を前提としない。漢字文化圏において「無」は「存在」の派生語ではないのである。(8)

ヨーロッパ諸語と東アジアの言語の間にあるこうした違いは、ひょっとすると仔細なものに見えるかも知れない。問題なのは、言葉ではなく、それが表現している事柄なのだというわけである。しかし私たちは言葉でもって思考している。言語は事柄そのものへの通路に他ならない。ヨーロッパにおけるように無が言葉の上で存在を前提とするのであれば、無は事柄の上でも存在を前提とするように思われるだろう。しかし本当に無は存在を前提とするのだろうか。端的な無は存在を必要とするのだろうか。否。もしも無が存在を前提とするのであれば、その無は、もはや端的な無ではない。存在を前提とするようなものは、何であれ端的な無ではない。存在が一度でも成立するならば、そこにはもはや端的な無が真理となる余地は残されていないからである。

これまでの哲学は、ヨーロッパで生まれたため、ヨーロッパ諸語を自らの母語としてきた。その結果すべての哲学者、つまりヨーロッパ以外の哲学者までもが、ヨーロッパ諸語に基づいて思考するようになったのである。(9) 哲学の諸概念は、いまなおほとんどがヨーロッパ由来のものである。日本人は、もちろん日本語で思考し、日本語で文章を書く。しかし哲学の専門用語のほとんどはヨーロッパ諸語の翻訳である。そしてそれは無を思考する場合にも当てはまる。日本人哲学者もまた、無をヨーロッパ諸語に基づいて思考してきたのである。つまり無を存在の否定、存在の欠如とみなしてきたのである。(10) もちろん東アジアには、無が存在に対して優位を持つような伝統がある。そこでは無は存在よりも根源的だと言われる。しかしこうした伝統もまた、端的な無を問いはしなかった。老荘の無も禅が語る無も端的な無ではない。そして京都学派の言う「絶対無」も端的な無ではない。というのも彼らの言う「絶対無」も、「無ではない」を前提とした世界原理を意味するからである。

ヨーロッパ諸語においては、無は常に存在の否定である。それに対して漢字文化圏では、「無」は文字として「存在」から独立している。端的な無が存在を前提としているのかどうかを考察しようとするのに、都合が良いのはどちらだろうか。端的な無は存在を必要としない。しかしヨーロッパ諸語に基づく思索は、存在の呪縛を突破することができなかった。それは、自らのうちに或る種の言語的な制約を抱えているからである。それは、無を、存在を前提とした否定形でしか表現できないからである。

端的な無は、すでに何らかの存在を前提とした「欠如」ではない。それはあらゆる存在とそもそも無縁な一つの可能性なのである。しかしそれは、いつか実現するかもしれない可能性（＝存在論的可能性）ではない。端的な無は、存在論的な可能性ではなく、あくまでも論理的な可能性に過ぎない。現実性そのものが、すでに「無ではない」を前提としているので、端的な無は、定義上現実化しえない。それは真ではありうるものの、その真理は現実性を意味しない。つまりそれは、他に類を見ない可能性なのである。もしも端的な無が真であれば、そこにはいかなる存在論的な可能性もない。端的な無は、あらゆる現実性を拒む純粋可能性なのである。このことから明らかとなるのは、何らかの現実に目を向ける哲学は、すべて端的な無に行き当たらないということである。だが哲学は、ほとんど常に現実を考察してきたのである。

それでも哲学の歴史の中には、端的な無の可能性を探究した思想家達がいる。私の知る限り、パルメニデスとマイスター・エックハルト(11)は、そうした思想家達である。しかし彼らですら、それを明示的に表明したわけではない。彼らは、確かに無を問題にしているのであるが、それを主題化するには至らなかったのである。とはいえ彼らは、哲学史におけるきわめて稀な例外であって、彼ら以外の哲学者は、常に現実性もしくは現実可能性だけを考察してきたのである。こうしたことは、存在を最も深く探究したと言われるハイデガーにおいても妥当するし、無を問題とした京都学派の哲学にも妥当するのである。

ちなみに、少なからぬハイデガー研究者が、こうした主張を展開する私をハイデガーのエピゴーネンとみなそうとする。しかしハイデガーは、端的な無を問題にしてはいない。実際彼は一度たりとも「まったく何もないのか」

という問いを立てていない。彼の場合存在と無は、共属している（zusammengehörig）と言われるのであるが、端的な無に関して言うならば、そのようなことはありえない。端的な無は、その定義上あらゆる存在と無縁なのであるから。もしハイデガーが私の主張を聞いたならば、おそらく「それは現実の存在を考察するものではない」と言うことだろう。しかしそうした言い方そのものが、彼の思索が存在の呪縛のもとにあることを示しているのである。

「現実の存在」に目を向ける限り、それはすでに現実性を前提としている。こうした関心はすでに「無ではない」を前提としているのである。存在を前提とする立場から無を問題にしようとしても、それは端的な無ではあり得ない。哲学のすべての歴史が端的な無を見逃してきたのは、それが常に現実に焦点を当てるものだったからである。このように見てくると、端的な無を問うためには、少なくとも一度は現実に対するすべての関心を放棄しなくてはならないことが分かる。(12) 日常的な問題のすべては、この世界の存在を前提としている。他方端的な無は、この世界の存在のみならず、あらゆる存在を拒むのだから、それが日常的な関心事になることはありえない。端的な無は、哲学ですら関心を払おうとしないきわめて非日常的な（異様な？）概念なのである。こうした意味では、それはおそらく無意味と言って良いだろう。では、なぜそれを問うのだろうか。

端的な無は無意味なもののように見える。にもかかわらず私たちはそれを問う。それはなぜか。まず言えるのは、それを問うことが可能だからである。それどころかその問いは、私たちが問いうるものの中で最も究極的な事柄なのである。私たちの問いは疑いもなく究極の問いである。それが無意味であったとしても、それが論理的に立てることができる究極の問いであることは間違いない。哲学が究極の原理を探究しなければならないのだとしたら、端的な無こそが哲学の究極の事柄であるはずなのだ。

もちろんこうした無への問いから、結果的に何か有意義なものが明らかになるという可能性も否定はできない。しかしそもそも「有意義である」とはどういうことか。便利であることか。応用可能であることか。あるいは生産性があることか。或る知識が有意義であるか否かを判定する基準とは、いったいどういうものなのだろうか。いずれにしても、上記の問いに答えるためには、まずは無の問いを徹底的に調べ上げねばならないだろう。しかし実は私たちの問いが日常において無意味であったとしても、哲学者にはこの問いを問う自由がある。プラトンが言ったように、哲学とは、何ものにも縛られない、真に自由な者の営みなのである。

では、こうした問いからいったい何が明らかになるのだろうか。まず明らかとなるのは、端的な無の可能性と「無ではない」という可能性の前には絶対に何もないということである。つまりこれらの可能性は、いずれもが究極的なのである。端的な無が究極的なものであることは明らかだろうが、「無ではない」もまた究極的なのである。というのもそれもまた、それに先んじるものを受け入れないからである。「無ではない」の前には何もない。しかしこの「何もない」は端的な無ではない。無について論じた多くの哲学者は、この両者を混同してきたのだが、端的な無は「無ではない」に先行したりはしない。無を前提とする「無ではない」などありえない。それは逆もまた真。そしてこの二つの可能性に先んじる第三の可能性などというものもありえない。しかしそれは、「無ではない」にはそれに先行するいかなる「意味」もないということを意味する。意味というものそのものが、そもそも「無ではない」を前提とするからである。「無ではない」は、アプリオリにはそれに先立ついかなる意味も持ちえない。すなわち存在は、根源的にはいかなる意味も持たないのである。無の論理は、存在がアプリオリにはいかなる意味も持ちえないことを明らかにする。存在はアプリオリには無意味である。無の問いからは、存在の無意味さが明らかとなるのである。

無の問いからは、さらに「無ではない」が必然的であることが明らかとなる。とはいえその必然性は論理的必然性ではない。「無ではない」は真理だが、その真理はそれに先行する何らかの根拠を持たない。「無ではない」という真理は無根拠なのである。それにもかかわらず「無ではない」が必然だと言えるのは、それが端的な無になることがありえないからである。というのもそもそも「なる」ということ自体が、「無ではない」を前提とするからである。したがって「無ではない」自体は、「なる」こと一般、つまり生成や変化といったもののすべてを拒絶する。もちろんここで言う「必然性」は、この世界が永遠に存続するといったようなことを意味するのではない。この世界は、いつの日か消滅するかも知れない。しかしそれでもってまったくの無になるのではない。この世界が現実に消滅したとしても、そのことは端的な無を意味しない。端的な無と「無ではない」は、まじわることがない。「無ではない」が真であるならば、それはずっと真理であり続けるのである。

こうした議論からは同時に「根源的な存在」というものが、そもそも働きや出来事といった「動的な何か」ではないことが明らかとなる。働きや出来事というのも或る種の変化を意味するからである。しかし先に見た通り「無ではない」はいかなる変化も受け入れない。変化はそもそも「無ではない」を前提とするからである。それゆえ「無ではない」を働きや出来事と呼ぶことはできない。存在は、根源的に見れば、いかなる出来事（Ereignis）でもない。その点でハイデガーは決定的に間違っているのである[13]。

ここではこれ以上無の論理を展開することはできない。本章が問題としてきたのは、無の問いを問うのに日本語がどういう役割を果たすのかということであった。もちろん本章は、哲学にはヨーロッパ諸語よりも日本語の方が適切だと主張するものではない。実際私自身、ヨーロッパ哲学を学ばなければ、「無の問い」に向かうことなどなかったであろう。私が提示している「無の問い」は、あくまでも彼らが提示した「存在への問い」の延長線上に現れてきたものなのである。とはいえ私が「端的な無」を「存在」から独立に考察することができたのは、ヨーロッパ諸語ではなく、日本語で思考してきたからだろう。ヨーロッパ諸語は、これからも哲学の母語であり続けることだろう。しかしそれは、哲学の言語として完璧なわけではない。それゆえそこにはヨーロッパ諸語以外の言語に基づいて哲学を遂行する余地がある。いや、「余地がある」というだけではない。哲学が普遍的な知であろうとするならば、そうしなければならないのである。[14]

注

（1）本章は、二〇一二年八月二八日から三〇日にかけてチューリッヒ大学で開催された 15. deutschsprachiger Japanologentag の開会記念講演（Festvortrag）、'Zum Philosophieren in der japanischen Sprache' を日本語に直し、さらに大幅に改訂、加筆したものである。

（2）厳密に言えば、哲学の歴史にとってきわめて重要な非ヨーロッパ系の言語がある。アラビア語である。古代ギリシア哲学と中世スコラ哲学をつなぐのは、イスラムの哲学・神学なのである（しかも私たちの問題設定にとって非常に重要なことなのだが、アラビア語には、be 動詞に相当する言葉がない）。「哲学の言語」という問題を考察するには、ギリシア語、ラテン語そして近代ヨーロッパ諸語だけでなく、アラビア語に通じる必要がある訳だが、この言語上のハードルは欧米の哲学者達にとっても大きなものらしく、いまだに哲学史の論文にアラビア語が登場することは稀である。そこにもまた言語上のヨーロッパ中心主義が見られるのである。

(3) ヨーロッパの言語の場合、存在を表す動詞とコプラである動詞が同一であり、その両者が「存在」と呼ばれてきたわけであるが、こうした事情は、世界的に見れば一般的と言うよりはむしろ特殊である。確かに日本語の場合も「がある」と「である」という言い方で、両者に表現上の一致を見ようと思えば見られるが、私たちは普通「である」という表現に「存在」の意味を読み取ったりはしない。実際「である」は、たいていの場合「だ」の一言で表現されるのであり、そうした場合「がある」との表現の一致もなくなってしまう。日本語の哲学文献においては、こうしたヨーロッパ諸語と日本語の間にある不一致は、暗黙のうちに切り捨てられ、一致点だけが強調されてきたのである。

(4) 「無は語れない」と述べた最初の哲学者は、存在を主題として論じた最初の哲学者でもあるパルメニデスである。Vgl. DK I, 231. 我々に近いところでは、ベルクソンがこの問題を主題的に論じている（H. Bergson, *L'Évolution créatrice*, Chapitre IV）。こうした「無」という語を巡る問題史的哲学史は、それ自体非常に興味深いものであるが、それについては稿を改めて論じる予定である。

(5) ギリシア語では μηδέν という語も「無」を意味するが、この語もまた、「一」を意味する ἕν に否定辞の μή が付いたものである。

(6) G. W. Leibniz, *Principes de la Nature et de la Grâce fondés en Raison*. § 7.

(7) 「端的な無こそが、実は究極の思索の事柄である」という主張を展開しているのが、第三章「『思索の事柄』と『無』」である。

(8) 「無」という漢字は、元々「舞」と同じであったが、漢字の成り立ちとしては「仮借」である。象形文字である漢字で「無」を表現することの困難を考えれば、この字が仮借であるのは当然だろう。

(9) 注2で指摘したアラビア神学・哲学についても事態は同様である。彼らの言語に be 動詞に相当する言葉がないことは事実であるが、彼らはその哲学的概念のほとんどをアリストテレスならびに新プラトン主義者達に負っているので、概念的にはギリシア哲学をそのまま踏襲しているのである。もしもイスラムの哲学者達が、中世ヨーロッパに受容される以前の段階でそうしたギリシア的な概念を離脱し、アラビア語独特の概念世界を構築していたならば、そうした受容はありえないものとなっていたか、そこまではいかなくとも、かなり困難なものになっていたに違いない。とはいえこうしたイスラム神学・哲学研究に対する本格的な関心は、欧米でもまだ生まれたばかりであり、今後の研究次第では「哲学史におけるアラビア語の重要性」ということが、はっきりと認識されるようになるかも知れない。

(10) その端的な例として九鬼周造を挙げることができよう。彼は、その「文学概論」講義において「存在」を理解する道として、その反対概念である「無」から見るとどうなるか、という問いを立てた後で、「無は存在の否定に過ぎない」と言って、その道の有効性を否定しているのである（九鬼（一九八〇）、一七）。言うまでもなく九鬼は、ドイツ留学中にはハイデガーによってその才能を高く評価され、帰国後は西田幾多郎達の後継者として京都大学哲学科の教授となった人物である。つまりハイデガー哲学と京都学派の哲学のいずれにも通暁していた人物が、このような「無」の理解を示しているのである。

(11) 私のパルメニデス解釈については第一章と第六章を参照。

(12) 私の知る限り、こうした「日常的な事柄に対する関心の徹底的なまでの放棄」ということを哲学の歴史の中で最もラディカルに語った一人がマイスター・エックハルトである。とはいえエックハルトの名前を出すと、いまだに「神秘主義」というレッテルだけで片付けてしまう人がほとんどの現状では、本章の主張を彼と結びつけても、誤解を招く可能性が高くなるだけだろう。

(13) 第三章「『思索の事柄』と『無』」を参照。

(14) 現実問題として、欧米の大学の哲学科で非ヨーロッパ語のテキストが読まれることはまずないと言って良い。たとえば日本語の哲学テキストは日本研究の一部として読まれるだけであり、中国の古典も同様である。ギリシア語と同系であるサンスクリットの古典ですら哲学研究者の研究対象となる気配はまったくない。本章が「印欧語」という表現を避けたゆえんである。欧米の大学の哲学科が非ヨーロッパ語のテキストを扱わない理由の一つは、言語上のハードルが高いということにある（最も重要な理由は、彼ら自身「哲学はヨーロッパのものである」と思い込んでいるからであろうが、それはここでは問題としない）。欧米、とりわけ欧においても哲学研究は、原典至上主義であり、オリジナルの言語で読むのが当然となっているのである。近年日本では「世界が京都学派を評価しつつある」といった言説が見られるが、そうした海外の評価も、上記のような言語上のハードルが取り除かれない限り（或いは原典至上主義が改められない限り）、一部の限られた内輪のものに留まり続けるだろう。こうした状況の中、私自身は、彼らが自らの言語の枠を乗り越えようとしないのであれば、こちらからその枠を揺さぶらなければならないと思っている。上記のことは、逆に私たち日本語を母語とする哲学者には、欧米の哲学者にはない決定的なメリットがあるということも意味するはずだからである。本書第一章「存在の呪縛」は、ドイツの哲学雑誌に掲載された論文の日本語訳であるが、それをまず日本ではなくドイツの雑誌に載せたのは、そういう意図があってのことであるし、本章の土台となったドイツ語講演も、その延長線上に展開されたものなのである。

参照文献

九鬼周造（一九八〇）、『九鬼周造全集』第十一巻、岩波書店。

五　生の呪縛

東西の文化形態を形而上学的立場から見て、いかに区別するか。私はそれを有を実在の根底と考えるものと無を実在の根底と考えるものとに分つことができるかと思う。

これは、西田幾多郎の論文「形而上学的立場から見た東西古代の文化形態」の一節である。[1] 実在の根底を「有（存在）」と呼ぶか、「無」と呼ぶか。西田は、前者を主張するのが西洋（厳密にはヨーロッパ）の立場であり、後者を主張するのが東洋（厳密には東アジア）の立場であると言う。西田自身がこの論文の中で概観しているように、これは、それぞれの文化を対比的に考察すると、おおむね確認できる事実である。とはいえ、この区別を絶対視し、すべてをこの区別で論じようとするのであれば、それは議論をあまりに単純化していることになろう。

そもそも「無」という言葉は、「存在」という言葉と同様、多義的である。しかも哲学は、「無」について多大な関心を払ってきたとは到底言えない。だが実はこうした「無」への関心の不足が、結果的に、究極の問題、そして究極の真理への道を閉ざしてしまっているのである。これまでの章が明らかにしてきたように、論理的に考えうる究極の問いは「まったく何もないのか」というものであり、その答え、つまり究極の真理は「無ではない（Nicht-Nichts）」でなければならない。つまり究極の問いも究極の真理も「無」に関するものなのである。私は、これまでの章で、こうした「無に対する徹底的な考察の欠落」の原因を「存在の呪縛」と呼んで問題にしてきたが、本章は、絶対無という言葉を自らの思想の核心に置く西田が、それにもかかわらず端的な無を問わなかったのはなぜかという問題を考察する。(2)

「ヨーロッパは存在、東アジアは無」という対比の構図は、あたかも哲学の原理には、この二つの答えしかないかのような印象を与える。「存在か、無か」というのは、それ以外の第三の可能性を許さない、決定的な二分法であるかのように思われるのである。しかし究極の問いから明らかになる究極の真理とは、「存在（Sein）」でもなければ「無（Nichts）」でもない。その真理とは、「無ではない（Nicht-Nichts）」であるからである。そういう意味ではヨーロッパの思惟も東アジアの思惟も、この真理の周りを回りつつ、その真理そのものに的中することがなかったのである。

本章は、まず「1」で、論理的に究極の問いである「まったく何もないのか」とその答え、つまり「無ではない」という究極の真理が、なぜ究極性を主張できるのかを明らかにする。それは、西田の無の議論を批判的に（kritisch）考察するための座標軸（Kriterium）となるだろう。続く「2」では、まず「絶対無」という語を自らの思索の核とする西田哲学が、究極の問いにおいて語られる「無」を視野に収めているかどうかを確認する。西田は、自らの議論がありとあらゆる事柄、問題を包み込んでいると信じているが、だとすれば、端的な無もまた、彼の思索の中で論じられているはずである。何しろ西田哲学は「絶対無」を論じる哲学なのである。「絶対無」と聞けば、それは「絶対に何もない」という意味を想起するのが普通だからである。ところが実際の西田は、究極の問いが語る「無」すなわち「端的な無」の可能性に気がついていない。そこで問題となるのは、西田が語る「無」の意味である。彼が語る「無」は、本当に無なのかどうか。哲学者である西田の場合、そうした用語の選択自身が、哲学的に、つまり批判的に行われているはずである。ところが彼の思索は、「端的な無」の可能性を無視している。それはなぜなのか。その点を解明するのが「3」である。結論から言えば、西田の絶対無は、あくまでもすでに与えられた「生」あるいは「純粋経験」を出発点とし、それをエレメントとしたために、そうした生がそもそもないという可能性、つまり「端的な無」の可能性へと思考を跳躍させることができなかったのである。そこには、生を問題にしようという西田自身の目的意識があるのだが[(3)]、まさにその意識が、端的な無へまなざしを向けることを妨げたのである。西田は、「存在の呪縛」よりもいっそう根源的な「生の呪縛」に縛られていたのである。

1　究極の問い、究極の真理

本書が「究極の真理」と言うのは、「論理的に見て第一の真理」ということである。もちろん現代という時代に「究極の真理」などと言うと、そのこと自身が時代錯誤だと言われるのは承知の上である。しかし物理の世界で絶対零度というものが語れるように、論理の領域においても絶対的な可能性を語ることができる。「論理的に語りうる究極の可能性」といったものが存在するのである。こうした「論理的に見た場合の究極の可能性」は二つある。

「まったく何もない」という可能性とその否定である「無ではない」という可能性である。「まったく何もない」という可能性に論理的に先行する何かは存在しない。これが限界概念であることは疑いようがない。したがって、この二つの可能性を問う「まったく何もないのか」すなわち「無か」という問いは、論理的に見て第一の問いである。そして言うまでもなく「論理的に見て第一の真理」と言えるのは、「無ではない」の方である。「まったく何もないわけではない」。これが、論理的に語りうる第一の、つまりあらゆるもの、あらゆることが前提とする究極の真理である。もし「まったく何もない」のであれば、何もない。つまり何も成立しえない。「何かが存在する」、「何かが成立する」のは、「無ではない」からである。一切が夢であり幻想であったとしても、「無ではない」ことは確かである。しかし「無ではない」が究極の真理であることが、哲学の歴史において表明的に主張されたことは一度もない。近代哲学の歴史の中でこの問いに最も近づいた一人はライプニッツであるが、彼の「なにゆえ或るものが存在して、無ではないのか」という問いですら、一瞬「無ではない」という真理に触れているだけである。しかもそこで言及されている「無」は、すでに否定されているのであり、それ自体が注目されるには至らなかった。そこでは「無ではないこと」「何かが存在すること」は、すでに議論の前提であり、そこから遡って無の可能性に目を向ける思想家は現れなかったのである。

日常的な言葉遣いでは、「無ではない」はただちに「何かが存在する」と言い換えられる。しかし意味を問うとなると、「何かが存在する」と言うのと、「無ではない」と言うのとでは、まったく事情が異なる。哲学の歴史は、前者を問題にしてきたのだが、これまでのところ、この「存在」への問いに答えられた者はいない。なぜなら私たちは、「存在する」という言葉を様々な意味で用いて、その意味を確定することができないからである（そもそも私たちは有限なので、すべての存在を経験し尽くすことができない）。他方「無ではない」というのは、「まったく何もない」という可能性が否定されているのである。つまり「端的な無は偽である」ということである。こちらの場合、「まったく何もない」という言葉に不明瞭なところは何もない。それは「とにかく（どういう意味にせよ、何であるにせよ）何もない」と言っているのである。それは、「どのようなもの、どのようなことであれ、（とにかく何であれ）ないと想定せよ」と言っているのである。したがって「まったく何もない」とはどういうことか、を説明する別の言葉は存在しない。(4) つまり「端的な無」を説明する定義といったものは存在しないのである。しかしこれを逆から見れば、無を説明するのに、他の概念は必要ないということである。「無ではない」とは、こうした「まったく何もない」という可能性が偽であると言っているのである。「無ではない」は、意味の明晰な文であるが、「何かが存在する」はそうではない。したがって両者を同義と考えることは議論を混乱させるだけなのである。

「無ではない」は、論理的に考えうる究極の真理である。このことは、明らかであるように思われるが、このことを問うた哲学者は（私の知る限り）一人もいない。それどころか、私がこの問いを第一の問いだと主張しても、それを受け入れる研究者は稀である。ほとんどの研究者が、「無という可能性」に疑問を抱いて「無は問えない」と言ったり、「まったく何もない」という可能性を論じること自体が無意味だと言ったりするのである。

第一の「無の可能性への疑念」であるが、これは、「無はすでに偽であることが明らかなのだから、それはもはや不可能である」ということだろう。(5) しかしこの疑念は、現実を論じることで可能性が排除できると考えている。だが、或る現実が成立しているからといって、それとは異なる可能性が可能性として否定されるわけではない。ここに机があるという現実は、「ここに机がない」という可能性を、可能性レベルで消失させるわけではない。むろん、ここでは論理的可能性と現実可能性（現実化しうる可能性）を区別しなくてはならない。そもそも「まったく何もない」という無は、論理的な可能性ではあっても、現実可能性ではありえない。それは「まったく何もない」と言っているのであるから、そこには現実そのものが成立しようがない。「現実化しうる可能性」は、定義上、「現実」が成立していなければ成り立たない。端的な無は、可能ではあるのだが、現実化することはありえず、あくまでも論理的な可能性に留まる。では、なぜそれが論理的に可能と言いうるのか。「論理的に可能」とは「それ自身のうちに矛盾を含まない」ことを意味するが、端的な無は、それ自身のうちに矛盾を含まないからである。では、端的な無が矛盾を含まないとなぜ言えるのか。そもそも矛盾とは、矛盾し合う要素があって成り立つのであるが、端的な無には、そうした複数の要素がありえないからである。何しろそれは、「何もない」と言っているのである。したがって、それは矛盾を含まない。つまり「論理的に可能」なのである。しかし現実化しないのであれば、それを問う意味はどこにあるのか。これが第二の異議の内容となる。

第二の「無を論じることは無意味である」という見解であるが、私には、その見解のどこが、私の議論に対する反論であるのかが分からない。私自身、私の議論が無意味であるかもしれないという可能性は承知の上である。(6) しかしそもそも「意味がある」とはどういうことか。社会的な意義があるということか。もし哲学までもが社会的意義によって評価されねばならないのであれば、社会的意義そのものは、何によって批判的に考察されるのか。それは、現代において絶対の価値を持つのかもしれないが、だとしたら、その絶対性はどこからくるのか。

ここで私たちは、最初の哲学者と呼ばれるタレスの逸話を思い起こそう。貧乏であるがゆえに、哲学は役に立たないと笑われた彼が、天文学（これは当時の考えでは哲学の一部である）の知識を駆使して大金を稼いで見せた上で、そうしたことは自らの関心事ではないのだと言ったとされる話である。この逸話は、哲学に役に立つ側面があるとしても、そうした側面は、哲学にとって付随的であると言っているのである。哲学は、言葉通り「知への愛」なのである。欧米の言語で、そしてまったく異なる言語体系であるアラビア語でさえ、哲学は、「フィロソフィア」つまり「知への愛」である。哲学に意味を問うことは、それが「何かのため」であることを意味するが、そうなれば、それは何かに従属する知になる。しかしそれはギリシア人が「哲学」に見て取ったものではない。少なくとも哲学が生まれた場所、それが生じた場所においては、哲学に「知ること」以外の意味はないのである。

もちろん私たちは古代ギリシアを生きているのではない。「知は力である」という考え方を受け入れた、二一世紀の近代化された社会を生きているのである。こうした時代に、古代ギリシアの価値観、哲学観、学問観を持ち出すのも時代錯誤であるように見える。では、近代以降の哲学は「知への愛」という本質を捨てたのだろうか。さらに哲学を離れ、科学一般に目を向けても、「その研究が何の役に立つのか」という問いに答えなければ、その研究が続けられないということになると、基礎研究と呼ばれる分野が成り立たなくなる可能性が出てくる。もちろん、科学の世界では、すべてにつながりがあると想定されているので、現時点でどういう役割を果たすのか分からないという研究であっても、結果的に何か役に立つ知見をもたらすであろうと予測することは可能である。しかしそれでも、どういう種類の基礎研究に予算が投入されるのかは、その社会的意義（つまり「公共の福祉に益するかどうか」）によって決められるのが現状である。つまりそうした社会的意義が主張しにくい分野や研究には予算がおりず、研究をすることが困難になるということである。だが科学の歴史が明らかにしてきたように、科学は、試行錯誤の歴史であり、すべてが予測された方向でうまくいくわけではない。しかし社会的意義というものが、一つの学問全体の方向性を決めてしまうと、こうした試行錯誤が機能しなくなる。それは長期的に見れば、科学の発展を確実に阻害する。ましてや哲学は、そうした「意義」そのものを問題視する学問である。にもかかわらず哲学を専門とする人々から、「その研究の意義は何か」という問いが投げかけられる。哲学は、「知への愛」であることをやめたのだろうか。

ここではまさに「哲学という営みの本質は何か」ということが問われている。しかもこの問題は、無の思索にとって付随的なものではない。それは、後述するように、「まったく何もないのか」という問いが立てられなかった直接の原因なのである。

2　絶対無は「無」か

哲学的な問題として「無」を論じるのであれば、「絶対無」を自らの核として展開した西田幾多郎の思想を考察から外すわけにはいかない。しかし結論から言えば、西田は、端的な無を論じてはいないし、「無ではない」という真理にも思い至ってはいない。では、彼が論じた無とはいかなるものなのか。そしてなぜ、無を主題としながら、端的な無に思い至ることができなかったのか。この問題を考察することで、私たちは、「存在の呪縛」よりもいっそう深い「生の呪縛」というものに行き当たるのである。

まず西田の「無」というものが、どういう意味を持つのかを確認しておこう。彼は、自らの語る「無」が、「いわゆる無」ではないということを繰り返し述べている。それは「存在の否定、存在の欠如」ではない。彼は論文

「場所」の中で次のように「無」を説明している。

> 我々が有るというものを認めるには、無いというものに対して認めるのである。しかし有るというものに対して認められた無いというものは、なお対立的有である。真の無はかかる有と無とを包むものでなければならぬ、かかる有無の成立する場所でなければならぬ。有を否定し有に対する無が真の無ではなく、真の無は有の背景を成すものでなければならぬ。[7]

西田が語る「真の無」は、「存在の否定」ではない。彼の「無」は相対的な有無を包むものなのである。ここで語られる「真の無」は、まだ専門用語化されていないが、だからこそ、その基本的な理解が裸のままあらわになっているとも言える。いずれにせよ、西田の「真の無」が、「存在に対する無」ではないことは、この時点で明らかである。しかし本章の問題設定からすれば、それが「相対的な無」ではないとしても、なぜ「存在を包むもの」を「存在」ではなく「無」と呼んだのかが問われねばならない。西田の思索が哲学である限り、それを「無」と呼ぶ「哲学的な論理」が存在しなければならない。

西田の論理は、「場所的論理」と呼ばれるが、この論理を展開するのに彼が参考にしたのが、アリストテレスの考えである。アリストテレスは、実体（οὐσία＝真に存在するもの）を考える際に、「ヒュポケイメノンについて述べられるかどうか」をその基準の一つとする。[8]「ヒュポケイメノン（ὑποκείμενον）」とは、日本語で「基体」「主体」「主語」などと訳されるが、「基に置かれたもの」ということを原義とする言葉である。つまり「ヒュポケイメノンについて述べられるかどうか」とは、「或る何らかの措定されたものについて述語となるかどうか」ということを問うているわけである。「XはYである」という文章で、Yの位置に置かれるかどうか、ということである。その上でアリストテレスは、実在の一つの条件として「何かについて述べられない」ことを挙げる。(9) 西田は、こうしたアリストテレスの考えを「実在とは、主語となって述語とならないものである」という日本語にする。しかし「主語となって述語とならないもの」とは、「これ」とか「あれ」としか言えない個物である。述語は、主語に対して「より一般的なもの」でなければならず、主語は、述語に対して「より個別的なもの」でなければならない。つまり「主語となって述語とならないもの」とは、「最も個別的なもの」「一般性を含まないもの」つまり「個物」なのである。それに対して西田は、こうしたアリストテレスの考え方を逆方向へ転換する。つまり彼は、「述語となって主語とならないもの」へと目を向けるのである。

西田は、「XはYである」という文章を、「YはXを包む」と読み替える。そして一切を包むもの、つまり「究極的に述語的なもの」「究極的に一切を包むもの」を考えようとするのである。それが彼の語る「場所」なのであるが、ここで西田は、アリストテレスには思いもよらない近代的なアイデアを議論に導入する。つまり西田は、その場所が「意識」であると言うのである。しかし「述語となって主語とならないもの」を、アリストテレスの議論の枠組みに踏みとどまって考えてみるならば、それは「最も普遍的なもの」を意味するはずである。では、「意識」をそのまま述語の位置に置くことは適切だろうか。「X（この場合、それは何であってもよい）は、意識である」という文章は、成り立たない。意識が最も一般的なものであるとしたら、「石は意識である」という文章が成り立たねばならないが、この文章を正しいと考える人はいないはずである（哲学的に特殊な説明を加えれば、こうした言い方は可能かも知れないが、それはアリストテレスが問題にしている議論の文脈を完全に無視することになる）。もちろん西田が考えていることを明らかにしようというのであれば、こういった指摘はあまり意味がない。しかし議論をアリストテレスから導いてきたのは、私ではなく、当の西田であるのも事実である。この時点で西田は、アリストテレスの議論の文脈を完全に離れてしまっている。つまり西田による両者の比較は、アリストテレスの議論の地平を完全に離脱することで成立しているのである。

西田を批判的に考察しようという私たちの文脈で問題となるのは、まず西田が「主語の方向に着目するのがヨーロッパである」と考えていることである。ヨーロッパのまなざしは、実在へのまなざし、存在へのまなざしだというわけである。それに対して、自らの「述語的なものへのまなざし」は、存在とは逆の方向へとまなざしを向けたものであるという。こうした図式で見れば、彼が「場所」を無と呼ぶ理由も明らかである。自らは、実在つまり存在を主語的な方向に見て取るヨーロッパ哲学の伝統に対して、それとは逆の述語的なもの、つまり「無」の方向へと目を向けているというわけである。こうした議論は、それ自体、受け入れがたいものではない。しかし問題は、ここでも西田がアリストテレスの文脈を離れてしまっているということである。そもそもアリストテレス的に見た場合、「述語的な方向へのまなざし」は、「無へのまなざし」になりはしない。ギリシアにおいて「徹底的に一般的なもの」つまり「最も普遍的なもの」は、「無」ではない。むしろ逆である。「最も普遍的なもの」は「存在（ὄν＝存在するもの）」と呼ばれるのである。

ヨーロッパ哲学の伝統において、「最も普遍的なもの」は「存在」と呼ばれる。「XはYである」という文章の場合、Xに何が入ろうと、Yに「存在するもの」という語を入れれば、正しい文章になる。こうしたヨーロッパの視点を軸とするならば、西田が自らの「述語的なものへのまなざし」を「無へのまなざし」と呼んだのは早計だったということになる。しかし問題は、そう簡単ではない。西田は、「述語となって主語とならないもの」すなわち「すべてを包むもの」を「意識」と捉えているからである。西田の図式では、意識は無である。厳密に言えば、無は意識が問題となる文脈で初めて問題となる。つまり西田にとって「無」は「自覚の問題」にほかならない。アリストテレスが「何かについて述語づけられるかどうか」から論理を展開しようとするとき、そこで土台となっているのは、あくまでも「言葉（ロゴス）の形式」である。しかし西田は、そこから問題を「意識」あるいは「自覚」の地平へと移行させる。つまり西田は、「アリストテレスと同じ次元にいて、後者とは正反対の方向に議論を進めている」のではない。「アリストテレスは主語の方向へ、自らは述語の方向へ」という言い方で、西田は自らとヨーロッパ的思考を対比的に語るのだが、アリストテレスからすれば、西田が主張する「述語」というのは、彼が考えている述語とは別のものである。一見すると両者は対照的であるように見えるが、それは錯覚なのである。

とはいえ、こうした西田によるアリストテレスの図式の読み替えは、その時代を考えればそれほど奇抜なものではない。こうした図式の転換は、すでにドイツ観念論が行っていたからである。たとえばヘーゲルの考える「論理学」をアリストテレスのそれと比較してみればよい[10]。そういう意味で、西田は、近代ドイツ哲学を通してアリストテレスを見ているとも言えよう。だからといって西田がドイツ観念論のエピゴーネンだというわけではない。彼が自ら強調するように、アリストテレスの図式において「述語の方へ」まなざしを向けたのは、間違いなく西田の独自性である。しかしそうした「述語面」を「意識」と呼ぶのは、明らかに近代の視点である（そもそも述語に「面」を付加している時点でギリシア的ではない）。「意識」「精神」「自覚」「生」「歴史」といった言葉は、古代ギリシア哲学が知らないもの、扱わないものである。もちろんそれに類する表現をギリシアも扱うが、その扱われ方は、近代とは大きく異なる。近代が「最上級の価値を持ったもの」として扱うそれらは、古代ギリシアからすれば「死すべき人間に関するもの」にすぎない。ギリシア哲学も、もちろん人間を問題にしているが、それは人間が基準だからではない。自分たちが人間だからである。しかし人間は世界の中心ではない。そこでは世界は像ではない。したがって人間が住むこの地上世界もまた、世界の中心ではない。彼らは、この地上の生が何よりも大事だなどとは言わない。そんなことを言うのは、哲学者でない証拠である。他方、近代哲学（とりわけドイツ観念論）は、近代科学が「人間が世界の中心にいるわけではないこと」を明らかにしたのとは逆に（いや、おそらくはまさにそれゆえに）、「この私たちの現実世界」つまり「歴史的世界」を思索の中心に置く。それこそが、真の現実世界だというのである。歴史と自然という対比で考えるなら、近代哲学の多くは、歴史を自然よりも根源的だとみなすのである。

　ギリシアの哲学者たちは、自らの目に見えるものが真理だなどとは思っていない。真理は、感覚ではなく知性（νοῦς）が捉えるものだからである。しかし知性が捉えるのは、「今、ここ」の現実ではない。そういった現実性は、ギリシアにとって問題ではない。だが、近代哲学は、まさに現実性を問うのである。そして西田もまた、そうした流れの中にあることは、彼の後期哲学を見れば明らかである。では、それは、「進歩」なのだろうか。西田とハイデガーは、ほぼ同時代の思想家といってよいのだが、この両者の哲学の特徴は、「科学とは別の、それよりも根源的な思索の可能性」を追求したということである。その思想の内実はともかくとして、こうした彼らの意図は、実は近代哲学の多くと共通している。それは、科学が捉えられない（と彼らが考えている）「生」を問題にする思索なのである。[11]

3　生の呪縛

西田が、「純粋経験の哲学」をその思索の出発点としたのは偶然ではない。そして彼自身が言うように、彼のすべての思索は、こうした「生の事実」を中心に展開されているのである。表現は変わっていっても、西田の「思索の事柄」は、常に「純粋経験」「この歴史的現実」である。しかし歴史的現実は、抽象的な思索では捉えきれない。彼が形式論理学に対して距離を置くのは、それが「歴史的現実」を捉えきれないからである。その場合、そういった「現実の生」を思索する哲学が可能であれば、それは私たちにとって重要なものとなるだろう。西田が、そういう可能性を開こうとしたことは理解できる。しかしそうだとすれば、西田が端的な無を問えないのも当然だということになる。なぜなら、現実の生（あるいは「現実の存在」）を問題にする限り、現実の生は「思索の事柄」としてすでに与えられているのであり、それが与えられていない（それが問題とならない）問題地平は、彼の視界には入りようがないからである。「端的な無」は、現実に目を向ける限り、視界には入らない。それは、現実（「この現実の生」ももちろんそこに含まれる）へのまなざしを一切放棄することを要求するからである。

哲学が、西田が考えるように「実在の根底」を問うものでしかなければ、端的な無を問うことは、哲学の仕事ではない。「無ではない」は、一切の前提であるが、それを「実在の根底」などと呼ぶことはできないからである。もし哲学が「存在の根底」「存在の根拠」を問うものだとすれば、それが「無ではない」という真理に行き着けなかったのは当然である。そのような哲学は、その本性上「無ではない」という真理を問わないのである。しかし、私が展開している「無の論理」が哲学なのかどうかは、この論理自身にとってどうでも良いことである。哲学がそれを問題にしないというのであれば、哲学は究極の真理に関心がないということなのである。

「無ではない」という真理は、きわめて単純なのであって、それを理解するのに、いかなる専門的な議論も必要としない。それは、どこにも思わせぶりなところがない。「究極の真理」などといえば、日常を離れた極端に深遠な議論が展開されて、素人には意味不明の言葉が語られるものだと思う人が多い。しかし究極の真理は、驚くほど単純である。では、それほど単純な真理になぜ人は気づかなかったのか。「無ではない」という真理は、言われてみれば、これほど明らかなことはない。しかしあまりに明らかだから、それは見えなかったのである。それが明らかになるには、それを答えとする問いが立てられねばならなかったのだが、困難はまさにその問いを立てることにあったのである。哲学の歴史は、これまで一度もこの問いを立てることはなかった。それは、人が「意味のあること」にしか関心を払わなかったからである。そこには、「存在の呪縛」よりもいっそう深い「意味の呪縛」「生の呪縛」が潜んでいたのである。

これまで「まったく何もないのか」という問いが問われなかったのは、こうした「意味の呪縛」「生の呪縛」から解き放たれた思想家が出現しなかったからである。とはいえ、こう言ったからと言って、私が初めてそうした「思惟の解放」を成し遂げたなどと言うつもりはない。実際、私がこの可能性に目を開かれたのは、エックハルトとパルメニデスのおかげである。彼らは、「まったく何もないのか」という問いを明確な形で問うことはなかったが、思想的には、その次元をすでに切り開いていたと言ってよい。とはいえ、この道が、今後、哲学の重要な可能性として受け入れられるのかどうかは分からない。パルメニデスやエックハルトの思想が、一旦歴史の闇の中に消えそうになったのは、おそらく偶然ではない。それは、存在の呪縛、そして生の呪縛の前では、ほとんど無力なのである。

端的な無の可能性を問うことが妨げられてきたのは、生が思索の可能性を制約していたからである。人類の思索の歴史が、数千年以上もの長きにわたって、究極の問いを問いえなかったのは、それが生の呪縛のもとにあったからである。それゆえこの問いを問うためには、生の呪縛から解放されることが必要であった。とはいえ、生の呪縛は、人間をアプリオリに縛っているわけではない。その呪縛に縛られない人たちもいたからである。パルメニデスは、おそらくその一人である。(12) もちろん彼もまた、最初は生の呪縛に縛られていて、何らかの仕方でそこから自己を解放したという可能性は否定できない。彼の哲学詩の序文はそうした解放のプロセスを描いたものとも読める。だが、ソクラテス以前の哲学者たちの思索の性格を顧みれば、彼らは、ただひたすら真理へと邁進しただけだと考える方がよさそうである。彼らは真理を追求するのに脇目も振らない。彼らからすれば、「そんなことに意味があるのか」という周りの雑音に耳を貸すようでは、哲学者ではない。実際、パルメニデスは、自らの思索を体験の言語(それについて真偽は問えない)で述べたりはせず、徹底的に論理的な表現で語ったのである。一旦、生の呪縛、意味の呪縛に縛られてしまうと、それを個人が破るのは、至難の業である。しかしひたすら真理の探究に専心するならば、それをそうした呪縛が妨げることはできない。そしてこうした真理への専心から論理の言葉が語り出されるとき、その言葉を理解するのに、「生の呪縛からの実存的な解放」などというものは必要ない。究極の真理を理解するのに、そういった実存的な経験は必要ない。「学」の問題としてみた場合、私たちが考察すべきは、「無ではない」という言葉の真偽だけである。私が、存在の呪縛、生の呪縛といったことを強調するのは、この真理に異議を申し立てる人々のほとんどが、そうした呪縛に囚われているように思われるからである（そして私自身が、その呪縛に囚われていたからである）。一旦、この真理が語られてしまえば、その真偽だけが問われるべきである。少なくともこの真理は、その真理がどのようにして手に入れられたのかを問題にしない。問題が「学」である限り、問われるべきは、そこで語られていることの真偽なのである。

結　論

これまでの章で私は、ヨーロッパの思索の歴史が存在の呪縛のもとにあり、それが究極の問いを問うことを妨げていたということを論じてきた。その問題を考えながら、同時に考えていたのが、そうした存在の呪縛に縛られていないはずの東アジアの思想が、なぜ端的な無を問題にしえなかったのかということであった。これまでは、西田もまた「存在の根拠」（冒頭の彼の言葉で言えば「実在の根底」）を問う思索を展開したからであり、そういう意味で存在の呪縛に巻き込まれたのだといった説明をしてきた。しかし西田の思索は、存在を問うヨーロッパとは異なる視点をもつとされ、「絶対無」という言葉をその思索の核としているのである。それなのに、なぜ彼は端的な無を問い損ねたのか。それは、彼が「歴史的実在」「生きた実在」を問う思想家だったからである。彼は「絶対無」という言葉を使うが、それは歴史的実在、さらにいえば生そのものを離れない立場から言われている。それは生きた歴史的世界を思索のエレメントとするのである。それは、西田の思索が展開される空間を規定しているのだが、生きた歴史的世界の中に「端的な無の可能性」を顧みる余地はない。端的な無を問うためには、西田自身が自らの思索のエレメントを離れる必要があったのである。とはいえこうした「西田は究極の真理を見出してはいない」という事実は、西田自身の思索の価値を落とすものではない。それは西田が関心を払わなかった問題なのである。しかしそうだとしても、「絶対無」という言葉を用いた西田が、端的な無の可能性を無視したことはやはり問題である。問題を哲学全体から見るならば、この究極の真理が誰の目にもとまらないということは、一つの躓きの石である。なんと言っても、哲学は知を愛する営み、ただひたすら真理を探究する営みなのである。究極の問いは、純粋に真理を探究することからのみ生まれる。しかし純粋に真理だけを探究する営み、つまり哲学は、ヨーロッパでのみ生まれ、発展した。ところがそのヨーロッパには存在の呪縛というハードルがあった。他方で、そのハードルと無縁な東アジアは、自由に「無」という言葉を用いたのであるが、彼らの思索は、生きるための思索、生きることそのものの思索であって、純粋に真理を求めるためのものではなかった（これが東アジアに哲学が無かったと言われるゆえんである）。それが最後の一線を越えて究極の問いを立てるには、そこに生の呪縛とでも言うべきハードルが立ちふさがっていたのである。

注

（1）西田（一九八八b）、四二九―四三〇。引用の際は、現代仮名遣いに変更した。ちなみに西田は「西洋」と「東洋」という言葉を使っているが、こうした二分法は、今日、地理的に見ても政治的に見ても問題があるので、本章では「ヨーロッパ」（もしくは「欧米」）と「東アジア」という表現を用いる。

（2）現在の西田研究の中心人物の一人である藤田（二〇〇七）は、「西田の思想は、……『無の場所』から存在の意味を考えようとするものであった。そのような意味で西洋の存在論の伝統をその根本から問い直そうとするものであったと言うことができる。

存在を起点として、そこからすべてを見ていこうとする見方に、根本的な問い直しを迫るものであったと言ってよいであろう」（二〇一二）と述べている。この指摘は正鵠を射ていると思われるが、だとすればますます西田の「無の理解」を批判的に考察する必要があるだろう。本章が提示する「端的な無から出発する議論」は、西田とは別の仕方で、欧米の「存在中心の哲学」に問い直しを迫るものであるだけに、その議論にとって、西田の「絶対無」との違いを確認することは避けては通れない課題なのである。

（3）近年の西田研究の多くが、西田哲学を「『生』を直接捉えようとした哲学」と特徴付けているが、それは本章の西田理解とも合致している。そういった指摘をしている研究としては、藤田前掲書、檜垣（二〇〇五）、松丸（二〇一三）などがある。

（4）ちなみに欧米の言語の場合、「何もない」と言おうとすれば、どうしても「何も存在しない（There is nothing.）」というように、「存在する（There is）」という動詞を用いざるをえない。欧米の思索は、すでに言語のレベルから「存在の呪縛」に囚われているのである。この点については、第四章「日本語で哲学すると」を参照。

（5）現代において「無」の可能性を論じているのは、私だけではない。現代欧米の分析哲学は、ライプニッツの例の問いを考察するために、その問いに現れる「無」が可能かどうかを問うていて、それが可能だとする立場に「形而上学的ニヒリズム（metaphysical nihilism）」という名称まで与えている。しかしそこで展開されている議論は、今のところ、私が指摘している「端的な無」を見いだすには至っていない。それでも、今日、「無」について熱心に議論しているのは、英米の分析哲学者たちなのである。したがって現代において「無」を論じようとすれば、こうした分析哲学が問題にする形而上学的ニヒリズムを考察しなければならないが、この点は稿を改めて論じる予定である。（一言だけ付言しておくと、可能世界論で「端的な無」を論じることはできない。彼らが語る「可能世界」の「可能」とは現実可能性でなければならないからである。）

（6）とはいえ、こうした究極の問いを考察すると、「自己原因であるような神は存在しない」、「無ではないことに始まりはない」、「世界にアプリオリな意味はない」ことなどが明らかになる。これらの点については、第一章「存在の呪縛」を参照。

（7）西田（一九八八ａ）、二一七―二一八。

（8）Categoriae 2a10.

(9) 厳密に言うと、アリストテレスの実体には、「ヒュポケイメノンにおいてあるのではない」(ibid.) という、もう一つの条件(これは「基体」と「属性」の区別をつける) があるのだが、西田がもっぱら論じるのは「ヒュポケイメノンについて述べられない」つまり「述語とならない」の方である。このこと自身、西田にとって肝心なのは、もっぱら「一般性と個別性」の区別であったことを示している。西田が問題とするのは、抽象的な世界ではなく、「この生きた世界」つまり個別性をもった世界なのである。

(10) ドイツ観念論に先んじて、すでにカントが第一批判で「超越論的論理学」という表現を用いている。

(11) ハイデガーは、この「生」という表現を好まないが、彼が「存在」ということで言わんとしているのは「現実の存在」つまり「生きた存在」のことである。

(12) パルメニデスについては、第一章と第六章を参照。

参照文献

西田幾多郎 (一九八八a)、『西田幾多郎全集』第四巻、岩波書店。
—— (一九八八b)、『西田幾多郎全集』第七巻、岩波書店。
檜垣立哉 (二〇〇五)、『西田幾多郎の生命哲学』講談社 (講談社現代新書)。
藤田正勝 (二〇〇七)、『西田幾多郎』岩波書店 (岩波新書)。
松丸壽雄 (二〇一三)、『直接知の探求——西田・西谷・ハイデッガー・大拙』春風社。

六　パルメニデスとメリッソス
――存在の時間性をめぐって――

私たちが今日「エレア派」と呼ぶ学派は、紀元前五世紀に活躍したパルメニデス、ゼノン、メリッソスの三人から成る。しかしアキレスと亀のパラドックスで有名なゼノンの真正断片はほとんど残っておらず、テキストに即してその思想の全貌を論じることは不可能である。そこで本章ではエレア派を代表するパルメニデスとメリッソスの思想をみていく。両者は、「エレア派」という言葉でひとくくりにされているとはいえ、実は、決定的な点で異なる思想を展開しているのである。その違いを明確にすることで、これまで気づかれることのなかったパルメニデス思想の特質を浮き彫りにすることが本章の目的である。

エレア派の主張といえば、まず「生成の否定」が挙げられるが、この主張は、パルメニデスとメリッソス、どちらのテキストにもはっきりとした形で現れている。とはいえ、両者の主張を同じものと考えるのは早計である。こうした両者の思想について、ソクラテス以前の哲学に関する基本文献として名高い *The Presocratic Philosophers* の著者、スコフィールドは、そのメリッソス論を次のように締めくくっている。

メリッソスは、パルメニデスのように偉大で独創的な形而上学者でもなければ、ゼノンのようにパラドックスの才気溢れる語り手でもなかった。しかし彼は、論証にその才を発揮しており、実在の特性を演繹する彼のやり方は、概してパルメニデスのそれよりもはるかに明晰であった。原子論者が主に応答し、プラトンやアリストテレスによる学説提示で用いられたエレア派の学説は、メリッソス版のそれなのである。(KRS, 401)

つまり後代のエレア派理解は、パルメニデスの議論よりも「分かりやすい」メリッソスの議論に基づいていたのである。その結果、パルメニデス理解もまたメリッソス理解に影響されることになる。実際、パルメニデスの思想を現代でも通用する「真理」として見る解釈は少なく、哲学黎明期に生まれた「過去の遺物」とみるものがほとんどである。しかし後述するように、パルメニデスの思想をメリッソスのそれと同質のものと見ることは、前者を決定的に誤解することになる。何が問題なのか分かりにくいパルメニデスの思想を、はるかに分かりやすいメリッソスの思想から推定しようというのは、一見すると合理的であるように見えるが、それは後者が前者を正確に理解していての話である。しかし本章が明らかにするように、メリッソスはパルメニデス思想の核心を捉え損なっているのである。

1　存在と過去・未来

「生成の否定」つまり「生成は、真実には存在しない」という考えは、エレア派の中心的な考えである。そしてそれは、「無からは何も生じない」という根本原則から導かれる。「生成とは、存在しないところから何かが存在するようになるということなので、無を前提とするが、無は存在しないのだから生成も存在しない」というのが、そこで展開される論理なのである。こうした論理は、パルメニデスにもメリッソスにもはっきりと見て取れる。しかし実際のところ、メリッソスは、パルメニデスとまったく異なるものを問題としている。こうした両者の違いを確認するために、彼ら自身の言葉を見ていくことにしよう。まずはパルメニデスから。

道の説としてただ一つ残るのは、
存在するということ、この道には非常に多くの印がある。すなわち、存在するものは不生にして不滅である。

なぜならそれは姿が完全であって揺らぐことなく、また終わりのないものであるから。

またそれはかつて存在したこともなく存在するだろうこともない。今、一挙にすべて、一つのもの、つながりあうものとして存在するからである。と言うのも、それのいかなる生まれをあなたは求めるのか。

どこからどのように生長したというのか。存在しないものから、と言うことも、考えることも私はあなたに許さぬであろう。なぜなら存在しないということは、語ることも考えることもできないのだから。

μόνος δ᾽ ἔτι μῦθος ὁδοῖο
λείπεται ὡς ἔστιν· ταύτῃ δ᾽ ἐπὶ σήματ᾽ ἔασι
πολλὰ μάλ᾽, ὡς ἀγένητον ἐὸν καὶ ἀνώλεθρόν ἐστιν,
ἔστι γὰρ οὐλομελές τε καὶ ἀτρεμὲς ἠδ᾽ ἀτέλεστον·

οὐδέ ποτ' ἦν οὐδ' ἔσται, ἐπεὶ νῦν ἔστιν ὁμοῦ πᾶν,
ἕν, συνεχές· τίνα γὰρ γένναν διζήσεαι αὐτοῦ;
πῇ πόθεν αὐξηθέν; οὐδ' ἐκ μὴ ἐόντος ἐάσσω
φάσθαι σ' οὐδὲ νοεῖν· οὐ γὰρ φατὸν οὐδὲ νοητόν
ἔστιν ὅπως οὐκ ἔστι. (Fr. 8, 1–9. DK I, 235)

これは、彼が自らの主題とする「存在するもの（ἐόν）[1]」について語る断片八の一部である。生成とは、存在しないものから何かが成立する事を意味するが、「存在しないものから（ἐκ μὴ ἐόντος）」ということ自体が不合理なので、生成は成立しえない、というのが、その論理である。続いてメリッソスの議論を見よう。

存在したものは常に存在したのであり、そして常に存在するだろう。なぜなら、もしそれが生成したのであれば、その生成よりも前に必然的に何も存在してはならないだろうから。ところで何も存在しなかったなら、その場合、存在しないものから何かが生成することは決してありえないだろう。

ἀεὶ ἦν ὅ τι ἦν καὶ ἀεὶ ἔσται.
εἰ γὰρ ἐγένετο, ἀναγκαῖόν ἐστι πρὶν γενέσθαι εἶναι

μηδέν· εἰ τοίνυν μηδὲν ἦν, οὐδαμὰ ἂν γένοιτο οὐδὲν ἐκ μηδενός. (Fr. 1, 1-4. DK I, 268)

パルメニデスとメリッソスの思想の違いを語る場合に必ず挙げられるのが、前者が「存在した」「存在するだろう」という表現を拒むのに対して、後者はそれを用いているということである。(2) パルメニデスは、「存在（するもの）」は「存在した」とも「存在するだろう」とも言えないと言うのだが、メリッソスは、「存在したものは常に存在したし、常に存在するだろう」と言う。現代風の言葉遣いでいえば、後者は存在するものの永続性を主張していると言えよう。無からは何も生成しないのだから、存在する限り、それはずっと存在しているというわけである。他方、パルメニデスは「存在した」という表現を拒む。なぜなら彼は、自らの問題とする事柄、すなわち「存在するもの」は「一挙に」存在すると考えているからである。「存在するものは一挙に存在する」ので、それには過去形も未来形もない。対して、メリッソスは、過去も未来もあるという問題地平で思索を展開している。つまり後者は、問題を時間系列の中で考察しているのであり、前者は、時間系列を超越した次元で考察しているのである。しかもその場合の超越は、時間的な永遠とは異なる。それは、そもそも時間が存在しない次元を思索しているのである。従来の研究のほとんどが、パルメニデスは「永遠な存在」について議論を展開している、と考えている。しかしそうだとすると、「それはずっと存在したし、これからもずっと存在し続けるだろう」というメリッソス流の表現になるはずである。ところがパルメニデスはそうした表現を拒む。彼は、自らが問題にする事柄は「時間的に永遠なるもの」ではないことを自覚していたのである。では、「時間がそもそもない次元」とはいかなる次元か。

2　存在するものなき存在

パルメニデスの議論は、思考できる二つの道、つまり「存在する」の道と「存在しない」の道から始められる。序論である断片一に続いて、真理の考察が始められる断片二には、次のような言葉が現れる。

さあ、私は語ることにしよう、あなたはその話を聞いて心にとどめよ、
いかなる探求の道だけが思惟されうるのかを。
一つは「存在する」、そして「非存在はありえない」という道、
これは説得の女神の道である。(なぜならそれは真理に従うから)
もう一つは「存在しない」、そして「非存在が必然である」という道、
これがまったく知りえない道であることを私はあなたに示そう。
と言うのもあなたは存在しないものを知ることはできないだろうし
(それはなされえない)、語ることもできないだろうから。

εἰ δ' ἄγ' ἐγὼν ἐρέω, κόμισαι δὲ σὺ μῦθον ἀκούσας,
αἵπερ ὁδοὶ μοῦναι διζήσιός εἰσι νοῆσαι·
ἡ μὲν ὅπως ἔστιν τε καὶ ὡς οὐκ ἔστι μὴ εἶναι,

Πειθοῦς ἐστι κέλευθος (Ἀληθείῃ γὰρ ὀπηδεῖ),
ἡ δ᾽ ὡς οὐκ ἔστιν τε καὶ ὡς χρεόν ἐστι μὴ εἶναι,
τὴν δή τοι φράζω παναπευθέα ἔμμεν ἀταρπόν·
οὔτε γὰρ ἂν γνοίης τό γε μὴ ἐὸν (οὐ γὰρ ἀνυστόν)
οὔτε φράσαις. (Fr. 2, 1–8. DK I, 231)

パルメニデス解釈が袋小路に迷い込む一番の原因が、冒頭の「存在する」に主語がないことである。そこで、ほとんどの研究者にとって、その主語探しが最初の課題となる。主語のない「存在する」は、意味不明であり、その主語が確定されなければ、このパルメニデスの出発点は理解できないと思われるからである。ところが、これまでのパルメニデス研究は、この問いに対していまだ一致する答えを見出していない。後述するように、この「主語なき存在」こそが、パルメニデス思想の核なのであるが、これまでの研究は未だにその意味を確定できていないのである。

パルメニデスの「存在する」に主語がないと見る代表者がタランである。彼は、「パルメニデスの出発点は『存在（existence）』である」（Tarán 1965, 37）と言い、その「存在」が「現象的世界の多様性」に「先んずるステージ（previous stage）」であると述べている（ibid. 38）。しかしどのような存在であれ、その「何であるのか」がなければ、「存在する」とは言えないのであり、そういう意味では、「現象的世界に先んずる存在」と言っても、それが何を意味しているのか不明なままである。実際、彼は、第二の道に現れる「非存在が必然」について一言も言及せず、第二の道が否定されるのは「非存在が存在することは不可能だからである」と言うだけである。つまり彼は、第二の道が否定されるのは、それが「非存在が存在する」と主張しているからだと理解しているのである（ibid. 38）。しかしこうした解釈では、なぜパルメニデスがそれを探求の道として取り上げたのかが分からなくなる。最初から誤っていることが分かりきっているのであれば、それを探求の道として提示すること自体、無意味なはずである。さらに彼は、パルメニデスは過去と未来を否定してはいないと主張する。彼は、パルメニデスが否定した「存在した」と「存在するだろう」という言葉を「かつて存在したが今は存在しない」「いつか存在するだろうが今は存在しない」という意味に解する（ibid. 179）。その結果、当然のことながら、パルメニデスとメリッソスの間に違いがあるとは考えない（ibid. 180）。彼の解釈は、パルメニデスの「存在」に主語がないことを指摘し、そこでは「現象世界の多様性に先行する次元」が問題とされているとした点で重要な一歩を踏み出していたのだが、それを「永遠な存在」とみなす点で、結局のところメリッソス流の理解に留まったのである。

もちろん、この「主語なき存在」をどう考えるかについては、タラン以外にも多くの答えが考え出されてきている。すぐさま思い浮かぶのが、先の引用に出てきた「存在するもの」を主語にする解釈である（たとえばDiels 1897, 33）。実際、後続するテキスト（断片六）には「存在するものが存在する」という表現が出てくるので、一見するとそれが答えだと言いたくなる。しかし問題はそう簡単ではない。この提案以外に、代表的なものだけでも「探求の道」「探求の主題」「或るもの」「真理」などを主語とみる解釈があり、さらには「である」と解する立場もある。パルメニデス解釈に一時代を画したオーエンは、それまでに提案された様々な「主語」を批判して、パルメニデスの議論の展開から「語られ思惟されうるもの（what can be talked or thought about）」が、その主語だとした

(Owen 1986, 15)。しかしそう言う彼自身も、断片二の全体を論じていない。実際、彼の答えは、第一の「存在する」の道には妥当したとしても、第二の「存在しない」の道には妥当しない。第二の道にこの答えを代入すれば、「思惟され、語られうるものが存在しない」ということになるが、なぜそれが偽となるのか（たとえばデンマークの王子ハムレットは語られ思惟されうるが、存在しない）。さらに「非存在が必然（χρεὼν ἐστι μὴ εἶναι）」と言われていることをどう説明するのか。そこに「必然（χρεών）」という言葉が用いられていることをどう説明するのか。オーエンだけでなく、上に挙げた提案はすべて、この問題に答えることができないのである。

従来の研究に共通するのは、断片二の「非存在は必然」という箇所を真剣に受け止めていないということである。そもそもそれ以前に彼らは、第一の道だけに注目して、その主語の確定にいそしむのであるが、第二の道については真剣に考えようとしない。彼らからすれば、偽であるとされる第二の道は、真理である第一の道ほどの重要性を持たないと思われるのである。しかし、「存在する」に主語があるとすれば、それはまた「存在しない」の主語でもなければならない。ところが解釈者達は、第一の道、すなわち「存在する」に当てはまる主語だけを考えて、それを第二の道、つまり「存在しない」に当てはめることを怠ってきた。そしてさらに当然のことながら、ほとんどの研究者が、第二の道の「非存在は必然」という語句を正面から論じようとしなかった（そもそも説明しようとする試みさえ稀であった）(3)。では、この「非存在が必然」という表現をも説明できる解釈とはどういうものか。

まず冒頭の「存在する」に主語がないということについて見ていこう。もしもそれに主語が潜んでいるとしたら、なぜそれを明記しなかったのかということが問題となる。先に見た断片二は、明らかに議論が始まる箇所なので、そうした冒頭の文章で主語が欠けていること自体、不自然である。逆に言えば、ここでは、パルメニデスが意図的に主語を書き込まなかったと考えるのが自然である。もちろんそれは文法的には破格であるが、彼の言葉のすべてが、そうした破格を使わなければ伝えられない事柄を扱っていることを示唆している。しかし、そうだとすると「主語なき存在」とは何か。それは、「何か或るものが存在する」という、私たちの日常的な言葉遣いとは異なる何かでなければならない。「Xが存在する」というのが、「存在する」の普通の用法であるが、パルメニデスの「存在する」には、そうした主語となるX（何らかの意味で「存在するもの」）がない。それは、ハイデガーが問題とするような「存在するものの存在（Sein des Seienden）」とは異なる「存在するものなき存在（Sein ohne Seiendes）」なのである。[4]

パルメニデスが主題化する「存在（ἐόν）」は、後述するように、私たちの前に姿を現す「様々な存在するもの」の存在でもなければ「恒久的な存在」でもなく、むしろ、そうした「存在するもの」に心を配っている限り見えては来ないものである。アリストテレスが第一哲学と呼ぶのは「存在するものを存在するものとして考察する学問」なのであるが、だとすればパルメニデスが探求しているのは第一哲学の問題ではない。彼の思想は、史上最初の形而上学的システムであると称されることが多いのだが、実際の彼は、後の時代に生まれる形而上学あるいは哲学一般とは次元が異なる思索を展開しているのである。彼の語る「存在」は伝統的形而上学が主題とする「（存在するものの）存在」ではない。

パルメニデスが問題とする「存在」は、私たちの目の前にある椅子の存在、机の存在といった存在とは別の何かである。椅子だとか、机だとかは、彼に言わせれば、単なる「名目」（断片八）に過ぎない。こうした表現自体が、死すべき者のドクサ（断片一）なのである。私たちは、存在と言えば、「机の存在」のような存在を理解するのであるが、そのようなものは「存在」ではないというのがパルメニデスの主張なのである。(5) したがって、彼の言う「存在」に主語を探し出そうとする試みは、議論の地平を、彼が離脱せよと命じた問題地平（死すべき者のドクサ）に引き戻すことにほかならない。したがって、問われるべきは、「存在するものの存在」とは別次元の存在、つまり「時間なき存在」「存在するものなき存在（Sein ohne Seiendes）」である。

哲学の歴史を眺めれば、個々の事物の存在ではない「時間を超越した存在」を論じた思想はいくらでもある。有名なものとしては、キリスト教存在論とその影響下にある思想が挙げられよう。キリスト教存在論において「神」は、あらゆるものを創造する「別格の存在」であり、「個々の存在するものに存在を与える」「存在そのもの（ipsum esse）」なのである。では、パルメニデスの語る存在は、そうした「個々のものに存在を与える存在」なのだろうか。少なくとも彼の残存するテキストから、そうした考えを見つけることはできない。彼は、時間の外にある存在を問題にしているのだが、それはキリスト教的創造論とはまったくの別物である。では、彼が語る「主語なき存在」とは何か。

3　何もないこと

ここで注目すべきは、真理とされる第一の道ではなく、結果的に否定される第二の道である。ほとんどの研究者は、この第二の道を、否定される偽なる道ということで、簡単にかたづけようとしてきた。では、なぜパルメニデスは、冒頭でこの二つの道を同等のものとして論じる必要があったのか。「存在する」だけが探求の道だと言えばよかったのではないか。「存在しない」という道をわざわざ探求の道として取り上げたのはなぜか。しかも彼は、「存在する」をさらに「非存在は不可能」と言い換え、「存在しない」を「非存在が必然」と言い換えている。こうしたパラフレーズをする必要はどこにあるのか。第二の道を彼が語る意味はどこにあるのか。

多くの研究者は、「存在しない」という第二の道を、死すべき者どものドクサとのつながりで説明しようとしてきた。「存在する」と「存在しない」という二つの道を混同しているのが死すべき者の道と考えられてきたからである。つまり「存在しないもの」を語る道として第二の道を捉えてきたのである。しかし「存在しない」という第二の道は、死すべき者どものドクサとはまったく関係がない。それは偽であるが、「死すべき者のドクサ」ではない。パルメニデスがここで提示する第二の道、「存在しない」の道は、「それが偽であること」が女神によって正しい知識として語られているのである。「存在する」という第一の道が真理であるのと同様に、「存在しない」という第二の道が偽であることも「真理」なのである。つまり断片二は死すべき者どものドクサとは関係がない。後の断片で語られる「死すべき者どものドクサ」の道、いわゆる第三の道は、最初の二つの道とは無関係なのである。パルメニデスの言葉に即して言えば、そこで語られた二つの道は、どちらもが「女神の知」である。第二の道は、第一の道に対する補助的な役割で語られたのではない。それは、第一の道と対等の重みを持った道なのである。しかしながら従来の研究は、そうした第二の道の重要性を十分理解してこなかった。彼らは、第一の道、つまり「存在する」にばかり気を取られて、第二の道にはほとんど関心を払わなかったのである(6)。

そもそも私たちが「存在する」を優先し、そこからすべてを見ようとするのは、私たちが生に固執するからである。私たちが生に固執するのは、私たちが死すべき者だからである。神々は、不死なるものであり、生と死を超越した次元で思考することができる。神々は死を知らないので、生に固執することもない。他方、私たちは、死を恐れて、生に固執することになる。そこから存在への固執が生まれるのである。存在の呪縛は、生の呪縛であり、死すべき者の呪縛なのである。パルメニデスが、その思索を女神からの啓示として叙述したゆえんである。「生と死」ということ自体が、死すべき者のドクサにほかならない。「xが存在する」とか「xが存在しない」といった言い方は、それ自体が、死すべき者のドクサである。パルメニデスにとって「存在するものの存在」を論じる思索は、死すべき者のドクサなのである。真理に至るためには、そうしたxへの関心を取り払わねばならない。

実は、第二の道にこそ、パルメニデス思想の核心が潜んでいる。先に見た通り、パルメニデスの存在は、「存在するものなき存在」「存在するもの以前の存在」である。だとすれば「存在しない」と言われる非存在もまた「存在するものなき非存在」つまり——「何かが存在しない」という「非存在」とは異なる——「究極の非存在」であるということになる。何かの非存在、つまり「何かの欠如、不在」ではない「非存在」が語られているということである。それは何か。可能性は一つしかない。「まったく何もない」という「無」である。「まったく何もない」という可能性には、いかなる「存在するもの」もない。それは、「存在するもの」だけでなく、時間や空間の存在も拒絶する。とにかく「まったく何もない」のである。したがって、それは欠如でもなければ不在でもない。欠如や不在は、その主語となるもの、つまり特定の「存在するもの」を前提とするからである。そうした主語を前提としない非存在とは、「まったく何もない」ということ以外ではあり得ない。もちろんそのような「無」は、偽である。そのような無は、非現実の話法でしか語れない。では、それは探求の道として思惟されうるのであろうか。思惟されうる。なぜならそうした無は、論理的に可能だからである。

論理的に矛盾が生じるためには、互いに矛盾し合う何かがなければならないが、「まったく何もない」のであれば、そうした矛盾を生じる何かもない。つまりそれは矛盾を生じないのである。矛盾を生じないものは、論理的に可能である。それは思惟できるのである。さらにこの解釈の決定的なところは、先ほどから問題にしてきた「非存在の必然性」をごく自然な仕方で説明できるということである。「まったく何もない」のであれば、それはまったく何もないことに留まる。無は無のままでなければならない。無が真であれば、それは無に留まるのであり、その否定である「無ではない」は絶対に真にはならない。すなわちその否定が不可能なのである。つまり第二の道とは、思考可能な最も根源的な選択肢の一方、すなわち「まったく何もない」という可能性を論じているのである。

4　無ではないこと

以上のことから逆に、第一の道が何を意味していたのかが明らかとなる。そこでパルメニデスが「存在する」という表現で語らんとしたのは、実は「まったく何もないのではない」すなわち「無ではないこと（non-nothingness, das Nicht-Nichts）」なのである。パルメニデスの最初の問いは、論理的に考え得る究極の問い、すなわち「まったく何もないのか、それともそうではないのか」という問いなのである。

ちなみにこの第二の道に現れる「非存在は必然」と第一の道に見られる「非存在は不可能」は、どちらも様相表現であることは注目されて良い。ところが多くの研究者が、この両者が矛盾関係にないことを指摘して、パルメニデスの論理理解が不十分であったと考えている。論理的に見れば「pは必然」（＝「非pは不可能」）と矛盾関係にあるのは「非pは可能」であり、「pは不可能」と矛盾関係にあるのは「pは可能」だからである。しかし以下に展開する解釈が正しければ、パルメニデスのこれらの表現の選択は、事柄の表現としてきわめて正確であることが判明する。もちろんそこに一定の主語を代入しようとすれば、両方を整合的に理解する道は閉ざされる。「xの非存在は不可能」と矛盾関係にあるのは「xの非存在は可能」でなければならないからである。しかし、主語がないとしたらどうか。第二の道を「まったく何もない」ということと読み、第一の道をその逆に「まったく何もないのではない」と読めばどうか。パルメニデスは、二つの道が思惟可能だと述べているが、「まったく何もない」と「まったく何もないのではない」(＝無ではない)は、いずれもが思惟可能である。とはいえ「まったく何もない」が偽であることは明らかである。世界や私の存在自身が夢や幻であったとしても、それでも「まったく何もない」は偽である。「まったく何もない」のであれば、夢や幻といったものも現れようがないからである。しかし、もし「まったく何もない」のであれば、それは「まったく何もない」ままでなければならない。つまり無は、それが真であるなら、必然となる。第一の道にある「非存在は不可能」についても、「無ではない」が真理であれば、無は不可能となる。「無ではない」から無への移行は不可能だからである。私の考えでは、この解釈以外に「非存在は不可能」と「非存在は必然」というパルメニデスの言葉に適合する解釈は存在しない。しかもこの解釈は、パルメニデスの思索を、現代においても革新的な内容をもつものとするのである。

従来の研究のほとんどは、パルメニデスの思想を現代では通用しない「過去のもの」として考察してきた。しかし私の解釈が正しければ、彼の思想は、過去の遺物どころではない。それは哲学二千五百年の歴史を悩ませてきた「存在の謎」に決定的な答えを提示しているからである。パルメニデスの答えは、「存在の究極の含意は、無ではないということである」というものである。この答えは、多くの人にとって拍子抜けするものであろう。「存在とは無ではないことである」というのは、子供でも言えそうな答えである。しかしそこで言われている「無」とは何か。私の知る限り、上述の究極の問いを問うた哲学者は一人もいない。(7) そもそも「まったく何もない」という可能性を真正面から論じた哲学者はほとんどいないのである。実際、パルメニデス自身、最初の問いを「無か無ではないのか」と問うてはいない。もし彼がそのように問うていたならば、哲学の歴史は、とうの昔に、この究極の問いを問題にしてきたことだろう。ところが実際に彼が問うたのは、「存在するのかしないのか」(断片八)という問いだったのである。

では、なぜ彼は、「無か無ではないのか」と問わなかったのか。答えは簡単である。古代ギリシアにおいて「まったく何もない(=無)」は、「存在しない」という表現でしか語れなかったからである。古代ギリシアにおいて「無」は、「非・存在」という形でしか語れない。それは、古典ギリシア語に限らず、ラテン語、そしてヨーロッパの近代諸語においても同様である。「何もない」と言うためには、「何も存在しない(there is nothing, es gibt nichts)」というように、存在の否定という形を取らざるを得ない。つまり彼らにとって無は、言語的にすでに「存在の否定」という形を取らざるを得ないのである。私はこうした事情を「哲学史を貫く存在の呪縛」と呼んでいるのだが、「無」を「存在の否定・欠如」と見る限り、「まったく何もない」という無を考える道は閉ざされる。「何かの否定」は、議論の前提として「何か」の存在を必要とするからである。「無とは一切の存在の否定である」と言っても、そこではやはり「一切の存在とは何か」という問いが登場し、そこをクリアしなければ無は語れないことになる。他方「まったく何もない」という無は、存在の理解を必要としない。それは存在の欠如ではないからである。それはあらかじめ存在を前提としない無なのである。しかしこうした無を考察の対象にした哲学者は、皆無と言って良い。東アジアの思想ではしばしば「無」が根本語として語られるが、その無にしても、こうした端的な無ではない。それらはほとんどの場合、形なきもの、姿なきものにすぎない。西田の絶対無にしても、ここで言われる端的な無とはまったくの別物である。それどころか、彼は、こうした端的な無の可能性に気づいてもいない[8]。もし彼が気づいていれば、彼が語る絶対無は「無ではない」という表現で語るべきであることに思い至っただろう。

5　時間なき存在

パルメニデスの「主語なき存在」は「まったく何もないのではない」つまり「端的な無ではない」ことを意味する。もちろん「無ではない」というだけでは、何も明らかになったようには思えない。そこでは「何が?」という問題に対する答えがないからである。「何が」という問いに対する答えがなければ、具体的な世界(ギリシア人のいう「自然」)について説明することにはならず、意味のない議論のように思われるからである。アリストテレスは、パルメニデスが「現象を無視している」と考えているが、それは、彼がパルメニデスの「思索の事柄」を捉え切れていなかったからである。とはいえ、アリストテレスの言い分も理解できる。パルメニデスは私たちが普段問題としているものには一切関心を払っていないからである。そして、まさにこのことこそが、哲学者達ですらこの「無ではない」という真理に目を向けなかった理由、パルメニデスの思想を誰ひとり正しく理解できなかった理由なのである。しかし逆に言えば、パルメニデスからすれば、彼以外の哲学の歴史は、総じて「死すべき者のドクサ」に留まっている。反対に、死すべき者のドクサから見れば、パルメニデスの思索は無意味に見える。そして私たちはといえば、死すべき者であることを自覚することすらなく、その立場を絶対視して、パルメニデスの主張に耳を傾けることができなかったのである。

パルメニデスは、断片八において、彼が主題としている「存在」すなわち「無ではない」がもつ様々な「印」を述べているが、ほとんどの研究者は、そうした主題が「特定の何か」であると考えてきた。「存在には主語がない」という解釈への異論として、しばしば「断片八で様々な特徴が語られているのだから、彼の主題は、そうした特徴を備えた『何らかのx』であるはずだ」ということが言われるのだが（たとえばOwen 1986, 14）、「無ではない」は、そうした「何らかのx」であることなく、そこで語られる諸々の特徴を持つのである。「不生不滅」と言われるのも、何か或る実体のようなものについて言われているのではなく、「無ではないこと」のありようなのである。彼が、「ἐόν」という表現で語っているのは、実体的な何か、つまり何らかの「存在するもの」ではなく、「無ではない」ことなのである。

パルメニデスの言う「非存在」あるいは「無」は、常に「端的な無」である。したがって、「無からは何も生成しない」という彼の主張は、「まったく何もないことからは何も生成しない」と言っていることになる。「無ではないことは、無からは生成しない」と言っているのである。では、それが「存在したということもなく、存在するだろうこともない」と言われるのはなぜか。「無か無ではないのか」という問いは、時間の外で成立する問いだからである。「まったく何もない」という可能性は、時間の制約を一切受けない。それは、時間も存在しないという可能性だからである。時間の制約を受けるようであれば、それは端的な無ではない。しかし「無か無ではないのか」

という問いは、そうした端的な無の真偽を問うているのである。つまり問題となっているのは「まったく何もない」という「時間に制約されない可能性」の真偽である。もちろん端的な無は偽である。しかしそれは、時間の中で偽となるのではない。或る時点で偽となるのではない。それは「今」、偽であることが証されるのであるが、そこで「一挙に」時間を超えたところで真理であることが明らかとなるのである。

ちなみに、ここで言及される「今」をどう捉えるか、であるが、「無ではない」という真理が私たちに現れるのは、私たちの「今」においてだけである、ということを意味していると読むべきである。もちろんそうした「私たちの今」が、「真に」存在するのかどうかは自明ではない。私たちは、時間の外側に立つことができないからである。しかしそのことは、時間が「真に」存在することを意味しない。つまり「無ではない」が、「今」、あらわになるとしても、それは「無ではない」の時間性を意味するのではない。私たち「死すべき者」は、その各々の「今」において「無ではない」という「神々の真理」と出会うのである。

パルメニデスが生成を否定するのは、彼が語る事柄が、「無か無ではないのか」という、究極にして絶対の地平にある問いだからである。「無ではない」という究極の真理において、「無」から「無ではない」への移行はあり得ない。それが彼の言う「生成の否定」の意味なのである。

6　「存在するもの」の存在、「無ではない」という存在

ではメリッソスはどうか。彼が論じている事柄もまた「端的な無」を巡ってのものなのだろうか。先に見た彼の

断片の最後には、「何も存在しないならば、その場合、存在しないものから何かが生成することはどうしてもあり得ないだろう」という言葉があり、それだけを見れば、パルメニデスと同じ思想を共有しているように見える。しかしあの引用の冒頭には「存在したものは常に存在した」云々という表現が見られる。ここで「存在したもの」と言われているのは何か。それは「無ではないこと」だろうか。しかし「無ではないこと」は時間を拒絶するのではなかったか。「存在したもの」と言えば、それはどうしても「何か」でなければならない。つまり「存在するもの」でなければならない。「時間の中にあるもの」でなければならない。この事からだけでも、メリッソスがパルメニデスの真意を捉え損なっていることが分かる。彼は、問題を「存在するもの」の次元で捉えているのである。このことは別の断片でいっそう明らかとなる。

もしそれが、一万年の間に髪の毛一本分、別なものになれば、それは全時間の中ですべて滅び去らねばならないだろう。しかし形を変えるということもなされえない。なぜならかつての形は消滅しないし、現在存在しない形は生成しないからである。

εἰ τοίνυν τριχὶ μιῇ μυρίοις ἔτεσιν ἑτεροῖον γίνοιτο,
ὀλεῖται πᾶν ἐν τῶι παντὶ χρόνωι. ἀλλ᾽ οὐδὲ
μετακοσμηθῆναι ἀνυστόν· ὁ γάρ κόσμος ὁ πρόσθεν
ἐὼν οὐκ ἀπόλλυται οὔτε ὁ μὴ ἐὼν γίνεται. (Fr. 7, 7–10. DK I, 271)

この文章から明らかなように、メリッソスは、自らが主題とする「存在するもの」には「形がある」と考えている。(9) パルメニデスにもそれに類した言い方はあるのだが、それらはすべて比喩と解釈できるものばかりである。対してメリッソスの考える「それ（＝存在するもの）」は、具体的な形を持っているのであり、その点でパルメニデスとは決定的に異なる。ただし、メリッソスは、彼の真正断片とされる断片九において「それは物体ではない」と述べているのであり、そこで言われる「形」というのも物体の形と考える必要はない。そうはいっても、それは「非物質的な何か」すなわち「何らかの存在するもの」なのである。何かが存在するならば、それは絶対に姿を変えることがない。それがメリッソスの主張なのである。しかし私たちが認める現実において、「存在しているもの」は様々に姿を変える。それは真実ではないというのがメリッソスの主張なのであるが、それはいったい何を言っているのか。姿を変えることがない「存在するもの」とはどういうものか。メリッソスの議論には、それを示唆する言葉がほとんど見当たらない。にもかかわらず、上記の引用に続いて彼は、「それは苦痛を感じない」という主旨の言葉を述べる。もし彼が、パルメニデスと同じ事柄を問題としていたのであれば、こうした表現を用いることはなかったであろう。それは、パルメニデスの立場からすれば、論外とも言える記述であり、そう述べること自体が、誤り、途方もないカテゴリー・ミステイクなのである。

パルメニデスが自らの主題について語るとき、ほとんどが否定的な表現で語るのに対して、メリッソスは、肯定的な表現を用いることが少なくない。パルメニデスの場合は、その主題が、私たちの世界に姿を現すものと隔絶しているので、どうしても否定的な表現で語られることになるのだが、メリッソスは違う。つまり彼は、パルメニデスが注意スが見ている「存在するものから隔絶した何か」を捉えてはいないのである。メリッソスは、パルメニデスが注意深く避けている表現や物言いを普通に使う。私たちが普段使うような意味での「存在するもの」に関する表現を普通に用いるのである。他方、パルメニデスの場合、否定的な表現が多いために、「何が言われているのか分からない」ということになる。彼の思想についてスタンダードな解釈が成立しなかったのもそのせいである。それとは逆に、メリッソスの言い方には、はっきりしたところがあり、論理としては分かりやすい。パルメニデスが曖昧に語るようなところをはっきりと肯定的に語るので、具体的なイメージを掴みやすいのである。その結果、ひとはメリッソスの分かりやすい言葉を通してエレア派を、ひいてはパルメニデスを理解してきた。しかしここまで見てきた通り、メリッソスは、パルメニデス思想の核心を読み違えている。「メリッソスはパルメニデスの弟子である」という伝承もあるが、それはかなり疑わしい。たとえ彼がパルメニデスの弟子であったとしても、それだけで後者の思想を正確に受け継いでいることの証拠にはならない。私が指摘するまでもなく、すでにアリストテレスが、メリッソスの哲学的な能力に疑問を投げかけているのであり、それ以後も多くがそうした評価に終始してきた。しかし、パルメニデスとメリッソスの違いがどこにあるのか、その核心をひとは理解してこなかった。パルメニデスが過去や未来を否定し、メリッソスがそれらを肯定する発言を残していることは、誰でも気がつく違いであるが、その違いが何に由来するのか。さらにいえば、パルメニデスが過去や未来を否定したことの意味は何なのか、ひとは理解してこなかったのである。

結　論

メリッソスは、私たちの目の前に現れるものの存在、すなわち「現象の存在」を前提として議論をしている。つまり「現に存在するもの」から存在を見ている。他方、パルメニデスは、無から存在を考察する。すなわち彼は、「存在」を「無ではないこと」と見ているのであり、そういう意味では、私たちに立ち現れている個々の現象は、彼の主題とはならないのである。彼にとって様々な現象は、すべて「死すべき者のドクサ」にほかならない。アリストテレスらがまさに主題とした「現象」は、彼の思索の事柄ではなかったのである。後世が彼を理解し得なかったゆえんである。

パルメニデスは、「時間や存在するものが姿を現す地平」を離れたところで真理を眺めていた。それは時間が成立する以前、存在するものが成立する以前を見ていたのである。研究者の中には、それを「存在するものではなく存在そのもの」への注目と見た者もいる。[(10)] それは方向性としては的外れではない。しかしその「存在そのもの」がどういう意味を持つのかについて、誰も答えを出すことができなかった（彼らが「非存在は必然」という表現を説明できなかったゆえんである）。それは、パルメニデス自身が、それをはっきりと語らなかったからである。いや語ることができなかった。パルメニデスも含め、彼らは「存在の呪縛」に縛られていたからである。存在の呪縛を超えたところ、つまり「まったく何もない」という可能性をはっきりと口にすることでのみ、その呪縛は解かれる。パルメニデスの語る「主語なき存在」「存在するものなき存在」とは「無ではない」ということだったのである。

注

（1）古典ギリシア語の ἐόν は、英語の Being と同様、「存在するもの」と「存在すること」の両方の意味を持つ。パルメニデスに言及する場合、とりわけ後者の意味を念頭に置いておく必要がある。なお、引用の翻訳は、（既訳がある場合は、それを参考にした上で）すべて著者によるものである。

（2）たとえばスコフィールドは「パルメニデスは、存在するものは決して存在したということも存在するだろうということもなく、むしろ永遠の現在のうちに存在する、という結論を曖昧な仕方で導き出していた。この結論をメリッソスは断固として拒絶する。彼は『存在した』と『存在するだろう』という時制を許容し、より理解しやすい永続的存在（everlasting existence）を存在するものに帰している」と言う（KRS, 393）。彼はここで、パルメニデスの言葉に曖昧さを見て取っているが、それは、彼自身、パルメニデスが語る「存在するもの」について十全な理解を持っていないからである。

（3）近年ようやくパーマーが、第一の道と第二の道に見られる「様相表現」を重視すべきだと主張しているが、その彼自身、第一の道の「非存在は不可能」を「必然性」と置き換え、第二の道の「非存在は必然」を「不可能性」と置き換えてしまっている（Palmer 2009, 86）。しかしこうした置き換えは、パルメニデスがなぜ敢えて「非存在」ということを論じたのか、その意味を完全に見逃してしまっている。

（4）ハイデガーにおける「存在」と「存在するもの」の関係については、「形而上学とは何かへの後記」の問題部分を参照（GA 9, 306）。彼はそこで、最初（第四版、1943）「存在は存在するものなしでも現成する（west）」と書いておきながら、後に（第五版、1949）「存在するものなしでは決して現成しない」と書き直している。こうした改訂をどう読むかはさておき、本章との関わりでは、結局後者の書き方に収まったことが重要である。

（5）アリストテレスは「存在」は多義的であって、それを一つの意味に絞ることがパルメニデスの過ちであると指摘している（Physica 186 a 23）が、後者からすれば、「真に存在する」ものへとまなざしを向ける限り、そうした多義性は許容できないということになる。この論点は、最終的には「現象に真理を認めるかどうか」ということに行き着く。パルメニデスは断固として認めない立場であるのだが、彼以外のほとんどの哲学者は、何らかの意味で現象に真理を見出してきたのである。

（6）この点に関してもパーマーが第二の道の重要性を説いているのだが、上述した通り、彼は、「無の可能性」が語られたことの意味を理解していない（Palmer 2009, 100）。

（7）哲学の専門家であれ、非専門家であれ「そんな簡単なことなら誰かが考えただろう」と考えるようである。実際、これまでに、そうした疑念を口にした者は多いが、彼らの中で、この問いをはっきりと表明した哲学者の名前を挙げることができた者は一人もいない。

（8）本章が論じる「端的な無」と西田の絶対無の違いについては、第五章を参照。

（9）ここで「形」と訳している語は、κόσμος であり、もちろん「秩序」という意味でもある。実際、スコフィールドたちは、それを order と訳している（KRS, 396）のだが、この文脈では「髪の毛一本の違い」ということが語られていることから「形」と訳しておく。なお、後続する議論は、それを「秩序」と置き換えても問題はない。いずれも「存在するもの」を前提としているからである。

（10）ハイデガーがパルメニデスに注目したゆえんであるが、彼は、パルメニデスにとって決定的とも言える断片二を主題的に論じてはいない。

参照文献

Diels, H.(1897), *Parmenides Lehrgedicht*, Berlin.

Owen, G. E. L.(1986), 'Eleatic Questions' in *Logic, Science and Dialectic*, Cornell University Press（邦訳「エレア派の問い」（山本巍訳）『ギリシア哲学の最前線　I』東京大学出版会、一九八六年　所収）。

Palmer, J. (2009), *Parmenides & Presocratic Philosophy*, Oxford University Press.

Tarán, L.(1965), *Parmenides*, Princeton University Press.

付論　別の思惟
――ハイデガーとエックハルト――

ハイデガーは、存在を求める歩みの中で従来の形而上学とは「別の思惟」を求めようになる。彼がここで従来の形而上学的思惟と呼ぶのは、表象的、計算的な思惟のことである。こうした理解が正しいかどうかは、もちろん議論の余地がある。しかし少なくともプラグマティックな思惟の理解が全盛の今日、思惟が、表象的、計算的なものとなっていることは否定し難い。さらに彼は、西洋において彼の求める別の思惟に類したものが働いたのは、ソクラテス以前のギリシアの思想家たちにおいてだけであり、それ以後の歴史は存在忘却の歴史であると言う。[1] もちろんこうした理解の是非も問われねばならない。では、そもそも彼の言う別の思惟とはいかなる思惟なのか。

ハイデガーは、こうした思惟のことを『ヒューマニズム書簡』の中で「主体を離れる、この別の思惟（dieses andere, das Subjekt verlassende Denken）」（GA9, 327）と呼んでいる。その別の思惟は、主体を離れることを必要とするのである。それは、「脱―存（Ek-sistenz）」であり、すべてを自らの内に引き込もうとする自己を脱却する運動であり、したがって「放下（Gelassenheit）」と呼ばれる事態なのである。そこで私は、ここにエックハルトを引き合いに出すことにする。なぜなら彼こそは、恐らく西洋思想史上もっとも徹底的な仕方で放下を追求した人物だからである。

ハイデガーを問題にするのに、エックハルトを引き合いに出すというのは、奇妙なことと思われるかもしれない。だが、彼が生涯エックハルトに深い関心をもち続けたということは、比較的よく知られた事実である。一九四九年に書かれたヤスパース宛の私信には「私のうちで東洋を思わせるものは、恐らくまったく別の根をもっています」とあり、続けて「一九一〇年以来、学匠かつ生の巨匠であるエックハルトが私に付き添っているのです」とすら書かれている(2)。ハイデガーと東洋的思惟の近さということがしばしば言われるが、彼自身は、そうした近さをエックハルトに由来するものと意識していたわけである。さらにハイデガー理解にとって重要な言葉が続く。

このエックハルトに加えて、パルメニデスの「というのも思惟することと存在することは同じものなのだから」という言葉の、絶えず新たに試みられた徹底的思惟が、そして思惟することでもなければ存在でもない、その「同じもの」への立て続けの問いが、私に付き添っているのです。ギリシアにおける主観客観関係の欠如は、自らの思惟と並んで、「一つの逆倒のように見えるが、さらに或る何か別のもの、そしてそれよりも前に或る何か別なもの」へと私を連れていったのです(3)。

ハイデガーは、パルメニデスの言葉について繰り返し解釈を試みているが、エックハルトについては、奇妙なことに一度も本格的に論じていない。本章は、彼らの思想を比較する中で、この奇妙な沈黙の理由について一つの解釈を提出することになるだろう。しかしハイデガーのエックハルト理解がどのようなものであったのかは、実際にエックハルトへの詳しい言及がない限り、様々な文脈から推測するしかない。そこで本章は、まずこうした両者の思想的親縁性を、各自の思想の文脈から確認することにする。しかしもちろん両者の思想は、決定的な点で異なる。そうした差異の確認は、エックハルトに対する沈黙の内に隠されたハイデガー思想の問題点を明らかにすることだろう。

1　別の思惟

ハイデガーが放下を集中的に論じた著作としては、まず一九四五年頃に書かれた『放下の所在究明に向かって』が挙げられる。彼の求めているのが「主体を離れる、別の思惟」である限り、私たちの考察にとってそれが決定的な意味をもつのは明らかである。実際、そこで問題となっているのは「思惟の本質」である。言うまでもなくハイデガーにとって思惟とは、存在の思惟である。存在が、端的に思惟の事柄なのである。したがって思惟の本質を問うということは、存在の問いを遂行することと一つである。では、そうした中で、なぜ放下が問題となるのか。

まず彼は、「思惟は、伝統的な仕方で表象作用として把握されるならば、一つの意欲である」(GA13, 38、以下同書からの引用はページ数のみを記す)と言う。だが、思惟の本質は思惟ではないのだから、思惟の本質は意欲ではないということにもなる。ここで彼が、「表象作用としての思惟」とそれとは別の「思惟の本質」を対比させることで、伝統的な思惟と自らの求める別の思惟を対比させているのは明らかである。ここで思惟の本質と呼ばれているものこそ、実は別の思惟に他ならない。つまり別の思惟は、意欲ならざるもの、すなわち無―意欲だと言うのである。

しかしハイデガーは、二様の「無―意欲」を区別する。一つは「無―意欲を意欲するという無―意欲」、一つは「いかなる種類にせよ、端的に一切の意志の外部に留まっているもの」(39)。そのうち後者が、ハイデガーが思惟の本質という表現で求めているものであり、放下に他ならない。主体を離れる別の思惟とは、端的な無―意欲そのものであるような思惟を意味するのである。しかし端的に無―意欲であるような思惟とは何か。

端的な無―意欲に潜む困難は、「意志という習慣から脱却する(sich des Willens entwöhnen)」(40)ことのうちにある。「放下が目覚めるのは、それ自身をそもそも意欲にあらざるもののうちに放ち入れる(einlassen)ということが、私たちの本質(=思惟のこと：著者注)に許容されている(zugelassen)場合である」(41)。つまり「無―意欲へと自己を放ち入れること」、それが別の思惟なのである。だが、「放ち入れる」といっても、それは「放つ(lassen)」ということであり、能動的な活動ではない。「放つこと」は、「能動性と受動性の区別の外部に横たわっている」(41)。放下は「どこにも正しく編入されるところのない事柄」(43)と言われる。それは、人間の視点が見て取る一切のものの地平の内にある何かではない。したがって放下とは、意志からの脱却に留まるものではなく、人間の一切の視点を超えた「何か」へと「放ち入れられる」ことを意味する。その何かをハイデガーは「辺り(Gegend)」と呼び、さらには「そこにおいて一切のものが出会う(begegnen)」という独特の意味を込めて「会域(Gegnet)」(47)と呼ぶ。それは、「開けている(=自由な)広がり(freie Weite)」(47)なのである。

会域は、――こうした表現からも分かる通り――何か実体的なものというよりはむしろ場所のようなものである。それは私たちの経験の全地平ではなく、それをむしろ彼方から包み込むものである。だからこそ「地平は、私たちの表―象作用に向けられた会域の側面である。地平として会域は、私たちを取り巻き、私たちにそれ自身を示す」（55）と言われる。ここで地平と会域という表現で対比されているのが、「従来の思惟（＝表象的、計算的思惟）」と「意欲を離れた別の思惟」であるのは言うまでもない。地平は、私たちの表象作用の限界であり、それに対して会域は、そうした私たち自身の視界に限定されず、地平そのものをむしろ彼方から包み込むものである。では、会域とは何か。

私たちは、自らの視線の地平の彼方が存在しているということは、もちろん知っている。では、そうした地平の彼方が意識されることが大事なのだろうか。確かに私を取り巻くこの世界が、私の表象作用によって対象化されたものに留まらないことに気付くことは意味がある。そうした自覚は、世界の独我論的な解釈から私たちを解放してくれるからである。ハイデガーが会域という言葉で言わんとしたのも、そういうことなのだろうか。「会域のうちに現象するさまざまな物は、もはや対象という性格をもたない」（47）という言葉は、私たちのこうした理解を正当化するように見える。続いて「それらのものは、もはや私たちに対して立っていないのみならず、もはや一般に立ってはいない」（47）と言われるが、それは、会域のうちでは、物はもはや「集立（Ge-stell）によって徴発されるもの、つまり用象（Bestand）」ではなく、真にその物になるということを意味するのである。こうして物は会域のうちに安らう。会域は、物を「真に物たらしめる（bedingen）」（59）のである。

ここで言われている会域が、後のブレーメン講演などで言われる「四方界（Geviert）」のことであるのは、もはや言うまでもない。そこにおいて物は、真に物となる（das Ding dingt）。それは、存在の場所としての「存在の真性（die Wahrheit des Seins）」なのである。ハイデガーの存在を問う歩みに、常に「開けの場所（das Offene）」、「空け開け（die Lichtung）」、「会域」、さらにはよりはっきりと「場所（der Ort）」といった表現が見出されるのは偶然ではない。ハイデガーにとって、存在を問うということは、存在の場所を問うことと一つなのである。では、別の思惟と存在の場所は、どのような関係にあるのだろうか。これまでの考察から容易に想像されるのは、別の思惟が存在の場所を開くということである。しかし問題は、「どうやって」である。もちろんこの局面ではもはや一切の表象的思考が姿を消していなければならない。思惟と存在の場所は、主客の関係であってはならないのである。

ハイデガーは「私たちが思惟するとき、待ちつつその会域のうちへと放ち入れられている」(49)と言う。だが、ここで言われる「待つ」は、「何かを期待する」ということではない(49)。「待つことは、それ自身を開けの場所それ自身のうちへと放ち入れる」(49)。「待つことの本質は、会域への放下である」(56)。それは、到来するかもしれないもの(=待たれている当のもの)に働きかけて積極的に到来せしめるようなものではない。むしろそれは、その到来に注意を払い続け、その到来の兆し(目くばせ)を見逃さないようにする行為なのである。ここで「待つ」と言われているのが、「存在に耳を澄ます」(GA9, 316)という表現のヴァリエーションであるのは言うまでもない。「待つ」ことも「耳を澄ます」ことも、それ自身が何かを生み出したり、作り出したりはしない。ハイデガーの語る別の思惟とは、そうしたものなのである。

ハイデガーの思索は、或る意味、世界を人間の主観から解放しようとする試みである。しかし主観から解き放たれた世界というものがあるにしても、それに私たちの思惟はどのようにして近づくことができるのか。それに対して彼は、「思惟とは会域への放下である」(56)という言葉で答える。彼の言う思惟は、それ自身が「待つこと」であり、放下なのである。では、会域への放下とはどのようなことなのか。会域とは、物がそこにおいて真に安らい、真にその物であることができる場所である。それは、そこにおいて物が真に物となる四方界なのである。それは、主観のざわめきが完全に沈黙したとき、かすかに鳴り渡る存在の響きを、響きとして鳴り渡らせる場所なのである。主観から解放された世界に接近する思惟は、それ自体が主観から解放されていなければならない。ハイデガーの求める別の思惟が、主観を離れる必要があるのもそのためである。ここでは、主観を離れた世界と、主観を離れた思惟は、相依相属している。主観を離れた世界は別の思惟によってのみあらわとなるし、別の思惟はそうした世界に「呼応」するのである。

ところが別の思惟が発動するのには、主体もしくは主観からの脱却が必要であるというのに、ハイデガー自身は、そうした脱却そのものについてほとんど語らない。もちろん彼が「死」もしくは「脱―存」について語っている事柄は、すべてこの脱却とつながると言ってよい。だが、彼は「死を能くする人間」ということは言っても、「自己の放下が必要である」とは言わない。恐らく西洋思想史上もっとも徹底的な仕方で自己の放下について語ったエックハルトを自らの同伴者と呼ぶにもかかわらず、ハイデガーは、エックハルトについて立ち入った議論を展開しようとはしない。この名前が現れるやいなや、話は、唐突に別の局面に向かうのである。そうした典型的な例を私たちは『根拠律』の次の文章に見出すことができる。

この箴言（ジレジウスの「薔薇は何ゆえなしにある」という詩句）において言われていないこと――そして一切はそれにかかっているのだが――、そのことが語っているのは、人間が彼自身の仕方で薔薇のように――何ゆえなしに――存在するとき、そのとき初めて彼は、その本質のもっとも覆蔵された根底において真に存在する、ということである。この思想（Gedanke）を私たちは、ここではこれ以上追跡することはできない。私たちは、今はただ「薔薇は何ゆえなしにある」という言葉を熟思しよう。（GA10, 57f.）

言うまでもなく「人間は、何ゆえなしにある時、そのとき初めてその根底から真に存在する」という思想は、エックハルトに由来するものである。そのことはこの引用の少し前にエックハルトの名前が上げられていることからも明らかである。ところがハイデガーは、この肝心な局面で後退する。しかしそれはここだけの話ではない。すでに見たように彼は、決してエックハルトの思想に立ち入ろうとはしない。なぜなのか。

ここで問題は、放下（ここでは「何ゆえなし」という表現で語られている）と人間のあり方をめぐって一番重要な局面に達しているように思われる。それは私一人の印象だけではなく、ハイデガー自身が「一切はそれにかかっている」と述べているのである。だが、奇妙なことに彼は、ここでその局面そのものに立ち入ることを避ける。なぜなのか。

ハイデガーは、しばしば「物が真に物となる（das Ding dingt）」「世界が世界する（die Welt weltet）」「言葉が語る（die Sprache spricht）」といった表現を用いるが、これらは彼にとって或る究極の事態を語ったものである。これらは、まさに会域や四方界において初めて成立する事態なのである。だが、不思議なことに（そうした局面で当然予想される）「人間が人間となる」あるいは「人間が真に存在する」といった類の表現は、彼独自の表現としては、まったくと言っていいほど――私の知る限り――見出されない。なぜなのか。

こうした「なぜ」に対するさしあたりの答えは、ハイデガーにとってそうした局面は「まだ」語りえないものであった、というものであろう。(4) 彼にとって放下が「待つ」ことに終始したのもそのためである。もちろんこうした考え方は、彼の語る「人間は存在の牧者である」という人間理解、そして「存在の歴運」という歴史理解と一つのものである。これらの「なぜ」は、すべてハイデガーの後期思想の全体と深く結びついている。(5) しかしここで問題となるのは、彼が存在を問うのに必要と考えた別の思惟からは、彼の考えたような人間理解、歴史理解しか出てこないのか、ということである。この問いに答えるために、私たちはエックハルトに向かうことにする。彼にとっては、放下の果てに「人間が真に人間となる」ことが肝心なのである。

2　魂の火花

エックハルトの主題は、「魂における神の子の誕生」と呼ばれる事態である。それは、新しい自己の誕生であり、自らの真の存在に目覚めることを意味する。そしてその鍵を握るのが、「魂の火花」と呼ばれる能力なのである。それは、存在そのものである神を認識する能力であり（したがってそれは知性（intellectus, vernunft）とも呼ばれる）、しかもその存在を——対象としてではなく——自らの存在として認識する能力なのである。こうした確認からだけでも、エックハルトの魂の火花が、ハイデガーの別の思惟にきわめて近いものであることは明らかである。それは、存在を認識する能力であり、しかもこちらと向こうという関係——つまり主客の対立——を脱却しているのである。さらに注目すべきは、ハイデガーが自らの思惟を別の思惟と呼んだように、エックハルトもまた自らの神認識の能力（＝火花）が、普通の認識能力とは異なるということを繰り返し強調しているということである。たとえば次のような言葉がある。

師達が言うには、被造物をそれら自身において認識するならば、それは夕べの認識と言われるのであり、そこでは被造物は、さまざまな差異の像において見て取られるのである。しかし被造物が神において認識されるならば、それは朝の認識であり、それゆえ被造物は、いかなる差異もなく、いかなる像も脱却し、いかなる相等性も脱した仕方で、神であるところの一者において直視されるのである。……高貴な人は、一なる者であり、神と被造物を一者において認識するのである。(DW V, 116)

「夕べの認識」は、被造物を差異の像において認識し、「朝の認識」は、それらを像を脱却して認識する。しかもこの朝の認識は、神認識の能力である「高貴な人(＝火花のヴァリエーション)」によって成立する認識なのである。では、こうした朝の認識は、どうすれば成立するのか。エックハルトがそのドイツ語説教で飽くことなく繰り返すのが「汝自身を放下せよ」ということである。私たちは、自らを徹底的に放下することによって、自らの根底に自らの存在として――存在そのものである――神を認めることができるようになる、と言うのである。ここでも放下が、存在認識の唯一の道となる。しかしこれまでのエックハルト研究のほとんどは、先の引用における朝の認識を正確に理解するには至っていない。その結果、ハイデガーとエックハルトの近さということを語る研究者たちも、結局は、両者の本当の近さを認識するには至っていないのである。(6)

では、エックハルトは、放下の果てに成立する神認識、つまり存在そのものの認識という事態をどのようなものと考えていたのか。ここで注目すべきは、先の引用で朝の認識が「神において」成立すると言われている点である。実は、この「おいて」という表現は、エックハルトが神認識もしくは魂における神の子の誕生について語るときには、必ず姿を現す表現なのである。では、神の誕生はどこで起こるのか。放下の果てに開示される魂の根底においてである。エックハルトの語る魂の根底とは、神の誕生する場所であり、それゆえ神認識の場所であり、したがって存在そのものの場所なのである。(7)

魂の根底という表現は、「私たちの心の奥底」といったイメージでとらえられがちであるが、そうしたイメージほどエックハルトの真意を誤解させるものはない。根底は、魂の一部ではなく、それゆえ外面と区別された「内面」を意味するのではない。そうではなくて、それは一切を包み込む存在の場所なのである。だからこそそこは、「神が全世界を創造する場所である」(DW II, 95) と言われ、またそこにおいては「ここも海の彼方も同様に近い」(DW I, 182) と言われる。それは「広がりなき広がり (die Weite ohne Weite)」(DW II, 232) なのである。ここで私たちは会域が「自由な広がり」と呼ばれたことを想起しよう。エックハルトの根底は、ハイデガーの会域、もしくは四方界にきわめて近いのである。

ここでも存在の場所 (根底) と存在を認識する知性 (火花) の関係が問題である。これまでのエックハルト研究は、多くが両者を同義と考え、その結果両者の関係を論じる必要がないと思い込んでいる。(8) しかし両者が完全に同義であるとすれば、「根底が」神を認識するということになってしまう。だが、根底は、あくまでも「存在の場所」としてのみありうる。しかし存在の場所は、存在するものではない。さらにいえば、それは存在ですらない。それは、それ自身存在を拒む無なのである。したがってそれは「現れる」ということもない。それは、存在すら拒むがゆえに、決して現れることのない何か——厳密に言えば無——なのである。それゆえ厳密に言えば、何物もそれをあらわにすることなどできない。では、こうした無に知性はどうすれば近づくことができるのか。「汝自身を放下せよ」、これがエックハルトの答えである。放下が、私たちを根底へと解き放つのである。いや、この表現もまだ十分ではない。私は、根底と別のものとして、その根底のうちへと入り込んで行くのではなく、自ら端的な無となって、その根底そのものと化すのである。私が自らを放下して、無となるとき、その無が存在の場所となり、そこに存在が存在として姿を現す。そこに「待つ」というあり方が入り込む余地はまったくない。

厳密に言うならば火花とは、こうした無となりうる能力のことであり、根底とは、放下が徹底されて、その能力が真に無の場所となったときの、その場所を表しているのである。したがって根底を火花と言い換えることはできるが、逆はできない。根底とは、放下が徹底されたときに火花がそれと化す無の場所を意味しているのである。しかし、本当にこのような自己の無化が可能なのか。私は現に存在するものとしてここに生きている。そうした存在するものである私が、どうすれば無となることができるのか。それが問題である。ここで注意すべきは、自己の無化、つまり放下ということが、現実に存在している「この私」の無化を意味するのではないということである。そこで鍵を握るのが、火花なのである。

火花は、しばしば知性と呼ばれている。もちろんそれは、普通の知性とは異なるが、それでも知性と呼ばれるのには何らかの理由があるはずである。では、そもそもエックハルトは知性をどのようなものととらえていたのだろうか。『ヨハネ伝注解』には次のような言葉が見られる。「知性は、一切を認識する為に、一切の無（nihil omnium）なのである。……それは、認識する以前には、自らの何物ももたず、それ自身の何ももたない。」(LW III, 86ff.) 知性は、一切のものを認識するために、それ自身が無であるようなものであり、それ自身が認識する対象（＝一切の存在するもの）がもつような存在をもたない。だからこそエックハルトは、「魂は、そうした知性を自らの内にもつがゆえに、決して名づけられない（定義できない）」と繰り返す。私たちのうちに潜む知性は、それ自体が無なのである。

だが、私たちが何かを意識するとき、知性はもはや無ではない。知性はその対象によって限定されるのである。つまり私たちは、何かを意識したり、自らを意識したりすることによって、自らの根底に潜む「自己を超えた無」に自ら覆いをする。だとすればこうした覆いは、人間が人間としての営みを続ける限り、消滅しないのではないか。その通り。だからこそ、その覆いを取り去るためには、そうした営みそのものからの脱却が必要なのである。こうした脱却が徹底されたとき、そこに存在が存在として姿を現す場所が開かれる。こうした連関をエックハルトは放下とそれに続く魂における神の子の誕生という表現で語ったのである。彼にとって放下とは、人間がおくる普通の営みを脱却するということを意味したのである。だからこそ彼は、放下を、単なる知的な事柄としてではなく、生そのものの問題として、つまり端的な「自己の放下」（それにはもちろん利己的な自我の放下も含まれる）として語ったのである。

こうした放下が、ハイデガーの放下と決定的な点で異なることは、すでに明らかであろう。ハイデガーは、自らの立場を常に思惟の立場と呼び、そこに限定している。それを彼の謙虚さととらえることもできるだろうが、彼が謙虚であろうがなかろうが、事柄自身の問題として、放下を思惟の場に限定するということが果たして可能なのか、それが決定的な問題なのである。

3 思惟と生

ハイデガーは、エックハルトについて断片的にしか語らない。そうした言及の一つは、『放下の所在究明に向けて』の中にも見られるが、実はそこには私たちが確認してきた両者の違いが、きわめて暗示的な形で現れているのである。その言及は以下の通りである。

学者「……放下でさえもなお意志の領域内で思惟される場合がありうるのであり、このことは、多少とも古い時代の思惟の巨匠達、たとえばマイスター・エックハルトにおいても起こっているのです。」

師「しかし彼からは多くのよきことを学ぶことができます。」

学者「確かに。とはいえしかし私たちによって言われている放下が、罪深い我欲の放棄や神の意志のための我意の放棄を意味しないということははっきりしています。」(42)

ここに見られるハイデガーのエックハルト評価は、後者を知らない読者であれば、きわめて高い評価に見えるだろう。しかしこの評価は、実は正当なものではない。というのもこれらの言葉は、まさに「無―意欲の意欲」と「端的な無―意欲」の区別が論じられる局面で語られているのだが、彼はここで、エックハルトの語る放下は前者の無―意欲でしかないと語っているからである。ところがエックハルトの究極の立場は、「神をも放下する」という立場であり、徹底的な無―意欲の立場なのである(たとえば「精神の貧の説教」全集版説教五二を参照)。では、ハイデガーは、エックハルトを正しく理解していなかったのか。エックハルトが端的な無―意欲について語っているテキストをハイデガーが知らなかったという可能性は、ないと断言してもよい。というのもそうしたテキストは、エックハルトの説教の中でもとりわけ有名なものだからである。では、なぜハイデガーは、こうした評価を下したのか。いや、ここだけではなく、直接人間の生き方が問題となる局面に至ると、なぜ、彼はその議論を避けるように話題を転換するのか。ここにハイデガーの思惟の大きな問題が潜んでいる。

ハイデガーが倫理的な問題について最後まで口を閉ざしたという事実をめぐっては、様々な解釈がある。しかし放下を介してエックハルトと彼の思惟を比較すればするほど、なぜハイデガーが倫理の問題、主体性の問題について言及しなかったのかという疑問は強くなっていく。というのもエックハルトもまた、ハイデガーと同様、自己の放下――現代風に言うならば主体性からの脱却――と一つになった思惟を追求するのだが、彼の場合、そうした主体性の放下は、新たな主体性が誕生するための道だからである。そうした主体性についてたとえば次のように言われる。

あなたがあなた自身を愛しているならば、あなたは、すべての人をあなた自身と同じように愛しているのである。あなたが、たった一人の人でもあなた自身よりも愛する事が少なければ――あなたがすべての人を自己自身のように、そして神にして人である一人の人の内において、愛するのでなければ――、あなたは、自己自身を真に愛した事にはならない。(DW1, 195)

人は、自分を愛する。それは当然である。しかし真に――つまり新たに誕生した主体性にとって――自分を愛するということは、見たこともない人をも自らと同じように愛することでなければならない。放下の果てには、そうした新たな主体の誕生が語られ、それに基づく新たなモラルが語られる。(9) いや、放下そのものがすでにモラルと一つと言ってよい。だが、ハイデガーには、こうした面から見た人間への言及が見られない。これもまた彼が謙虚なせいなのか。もちろんここはハイデガーを裁く場ではないし、私にそうした資格があるわけでもない。しかし少なくともハイデガーが求めたような別の思惟の果てに（それと共に）、彼が語らなかった新たな倫理的主体性――しかも万人に対して責任を負うような――が見出される可能性があるということだけは、エックハルトの言葉から確認することができるのである。

ハイデガーの別の思惟とエックハルトの魂の火花は、いずれもが存在をとらえる能力であり、いずれもが放下を通してのみ発動し始める能力である。ハイデガー自身の証言のみならず、こうした事柄自身の理解からしても、彼の別の思惟に対するエックハルトの影響の大きさは疑問の余地がない。だが、両者の違いも大きい。エックハルトにしたがって言えば、現代社会を支配しているのは、昔とは比べ物にならないほど肥大化した――すべてを主観化しようとする――「我性（eigenschaft）」である。ところがエックハルトを自らの同伴者と呼ぶにもかかわらず、ハイデガーは、こうした肥大化から逃れる道について語ろうとはしない。なぜなのか。「人間は存在の牧者である」。これが、彼の語る「人間」だからである。周知の通り彼は、歴史を人間が生み出したものとは解さない。それは存在の遣わした（schicken）歴史であり、存在の歴運（Seinsgeschick）なのである。彼の後期思想は、すべてここに吸収されてしまうと言っても過言ではない。人間は歴史の主体にはなりえない。いや、そもそもいかなる意味でも主体にはなりえない。それが彼の主張なのである。だからこそ彼は、「自らを放下しなければならない」とは言わないいのである。

ハイデガーによれば、放下もまた、「私たちが」放下するのではない。私たちにできるのは「待つ」ことだけだと言われるのもそのためである。そうした主張の是非を、今ここで論じることはできない。だが、少なくとも一つの問題が残る。それは、なぜ彼が自らのそうした見解とは異なるエックハルトの思想と最後まで対決しようとしなかったのか、という問題である。人類は人類を救うことなどできはしない、ハイデガーの主張がそういうことであれば、それはそうかもしれない。しかしエックハルトが見て取ったような「人間のもっとも大きな障碍は、人間自身（人間の我性）にある」という可能性は、徹底的に吟味されたのだろうか。人間が問題を生み出しているのであれば、その問題を解決するのに人間が決定的な意味をもつのは当然である。こうした理解にハイデガーは、どう答えるのだろう。

結論

それがハイデガーの求めるそれとまったく同じであるかどうかはさておき、エックハルトの語る魂の火花が、放下の果てに存在をとらえる別の思惟であることは明らかである。しかも彼は、放下をモラルの事柄としても語り、さらにその果てに新たな主体の誕生を見て取っている。つまり別の思惟から新たなモラルと主体の誕生を語る思想が存在するのである。他方、ハイデガーは、人間を存在の牧者とのみ呼んで、新たな主体の可能性を否定する。(10)なぜか。それが存在の歴運であるというのが、その答えなのか。だが、果たして歴史は彼の言う通りの姿であるのだろうか。

問題は、ここでもエックハルトである。エックハルトは、存在を問う別の思惟に目覚めていたのではないか。彼に付された「多少とも古い時代の思惟の巨匠」という形容は、そのことを暗示しているように思われる。しかし彼は中世に生きた人物である。このことは、ハイデガー自身の存在の歴運（もしくはエポック）という考え方と矛盾するように見える。また、こうしたエックハルトの思想には、同時に「放下の果てに姿を現す新たな主体（それを彼は神の子と呼んだ）」が見出される。魂に生まれる神の子は、すべてを主体化しようとする近代的主体性とは「別の主体」なのである。しかしそれは、新たな主体であるがゆえに、ハイデガーの「人間は存在の牧者である」という人間理解にも納まらない。エックハルトの人間理解は、ハイデガーが批判する西洋の伝統的な人間理解にも属さないが、他方ハイデガーの人間理解とも異なる。ハイデガーが、エックハルトについて本格的な言及を避けたのは、後者が彼にとって躓きの石となるものだったからではないだろうか。

私たちの問題は「別の思惟」である。それを現代においてもっとも自覚的な仕方で語ったのはハイデガーである。だが、彼の存在の歴運という考え方は、容易に受け入れられるものではない。他方、そうした別の思惟は、エックハルトにも見られ、しかも彼の場合別の主体と不可分である。ここに私たちは、別の思惟を求めつつ、モラルについて沈黙したハイデガーとは別の道を見出すことができる。私たちは、エックハルトの別の思惟から何を学ぶことができるのか。今やそれが私たちの問題なのである。

注

（1）本章が問題にする「別の思惟」と現代のエートスの関係については、松井（一九九八）を参照。

（2）Heidegger & Jaspers（1990）, 181f.

（3）Ebenda. 182.

（4）Vgl. 60. ちなみにこの箇所にも、エックハルトの思想が（その名を挙げられることなく）鳴り響いている。この点については、さらにHeidegger（1961）, 159を参照。ただしそこにもエックハルトの名は明示されていない。

（5）ハイデガーの「別の思惟」には、回思や退歩といったヴァリエーションがあるが、それらが主に語られるのは、本章がその評価を保留する「存在の歴運」が語られる文脈においてである。本章がそうしたヴァリエーションについて論じないのもそのためである。

（6）両者の比較を主題とした研究としては、Caputo（1978）やHelting（1997）などがある。前者がハイデガーとエックハルトの思想的親縁性を様々な角度から確認するものであるのに対して、後者はエックハルトの「無」とハイデガーの「脱去」に神の特性を見ようとする――それ自体は興味深い――特殊な研究である。ただ、どちらもエックハルトの理解が平板であり、その点で両者の比較が表面的なレベルに留まっているのは残念である。

（7）この点については、松井（一九九〇）を参照。

（8）たとえばWaldschütz（1989）は、エックハルトの「根底」を主題的に扱っているにもかかわらず、それを魂の火花と区別することなく扱っている。

（9）こうした新たな主体とモラルについては、松井（一九九四）を参照。

（10）たとえば辻村（一九九一）は、禅仏教的な立場から繰り返しハイデガーに残る（と彼が考える）不徹底性を批判している（二〇三頁、二五一頁以下などを参照）。だが、そうした問題は、彼とエックハルトの思想を比較すれば、そこにすでに――つまりハイデガー自身に内在的な問題として――存在しているのである。

参照文献

Caputo, John D.(1978), *The mystical element in Heidegger's thought*. Ohio.

Heidegger, M.(1961), *Was heißt denken?* 2. Aufl. Tübingen.

Heidegger, M. / Jaspers, K.(1990), *Briefwechsel 1920–1963*, hg. von W. Biemel & H. Saner, Frankfurt am Main.

Helting, H.(1997), *Heidegger und Meister Eckehart*. Berlin.

松井吉康（一九九〇）、「マイスター・エックハルトにおける『根底』について」『宗教哲学研究』第七号。

――――（一九九四）、「マイスター・エックハルトにおける『自由』の問題」『哲学研究』第五六〇号。

――――（一九九八）、「自由の弁証法」（長谷正當・細谷昌志編『宗教の根源性と現代・3』）晃洋書房。

辻村公一（一九九一）、『ハイデガーの思索』創文社。

Waldschütz, E.(1989), *Denken und Erfahren des Grundes*. Freiburg im Breisgau.

初出一覧

一　「存在の呪縛」『思想』二〇〇九年第九号（‚Der Bann des Seins‘ in *Philosophisches Jahrbuch* 114. Jahrgang 2. Halbband 2007. の邦訳）。

二　「無と存在」『文明と哲学』創刊号、二〇〇八年一一月、灯影舎。

三　「『思索の事柄』と『無』」『Heidegger-Forum』（電子ジャーナル）第六号、二〇一二年九月。

四　「日本語で哲学すると」『人間文化』第三四号、二〇一四年四月。

五　「生の呪縛」『神戸学院大学人文学部紀要』第三六号、二〇一六年三月。

六　「パルメニデスとメリッソス」『人間文化』第四二号、二〇一七年三月。

付論　「別の思惟」『宗教哲学研究』第一七号、二〇〇〇年三月。

なお、本書掲載にあたり、注の書式等を統一し、一部の文章に手を入れているが、内容理解に影響がある変更はない。

あとがき

私の思索に強い関心を寄せる友人が、「なぜいきなり端的な無から始められるのか」と問うたことがある。彼はハイデガー研究者で、「与えられた現実から出発して」ということを自らの道としていたからである。本書を読み終えた読者であれば、彼と同じく、「端的な無への道」がどうやって開かれたのか、興味を持たれるかも知れない。

本書が主題とする「端的な無」へ私を導いたのは、マイスター・エックハルトである。二十代から三十代半ばにかけて、私の研究対象はエックハルトであった（いや、彼は、研究対象と言うよりも、今に至るまで、私の Lesemeister にして Lebemeister である）。その彼が、飽くことなく言い続けたのが「自己を捨てよ（＝放下せよ）」という一事である。すべてを捨て去ったときにどうなるのか。神秘的な体験が起こるのか。しかし彼は、そういった体験を念頭に置いている限り、まだ自分を捨てきってはいない、と言う。彼は、「自己が存在する以前にそうであったほどに、貧しくなれ」と言う。いや、「存在そのものである神すらもない」というところまで「すべてを捨てよ」と言う。私もない、そして存在そのもの、究極の存在たる神すらもない。そこまで徹底的に無となれ、と言うのである（私のエックハルト理解については、付論「別の思惟」の参照文献等を参照）。

では、そういった無となりきったとき、何が起こるのか。新しいことは何も起こらない。目に見える変化は何も起こらないが、魂において「神の子の誕生」ということが起こる。しかしそれは、こうした表現から期待されるような「奇跡の発現」ではない。では、それは一体どういうことなのか。その答えは、ただひたすら彼の言葉にしたがって、無へと向かうことでしか明らかにならない。そこで私は、「存在そのものとされる神すらも存在しない」という「貧」とはどういうことか、を考え続けたのである。

「存在そのものである神すらも存在しない無」は、「そもそもまったく何もない」という無でなければならない。しかしそれは明らかに偽である。私はすでに存在しているのだから、「私が存在しなかったときのような貧」を実現するのは不可能である。私は私が存在していると思っている。世界が存在していると思っている。エックハルトの時代を生きた人々は、神が存在していると思っている。そう、すべて私たちは「思っている」のである。エックハルトは、それ（つまりそうした想定）を捨てて、「まったく何もない」という可能性に自らを投げ出せ、と言っているのである。すべてを投げ捨て、「まったく何もない」という可能性に身を投げ出したとき、何が起こるのか。その時初めて「無ではない」（＝「存在そのもの」）が、真理として姿を現す。エックハルトの言う「放下」は、しばしば誤解されるように「自己の死」を意味するのではない。それは、自己の死のみならず、「存在そのものである神が存在しない」という無をすら求める。こうした一連の動性こそ、彼が「突破」ということで言わんとしたことである。ただ、彼自身は、それを説教という場で「体験の言葉」として語ったのであった。したがって哲学的には、「そういった体験を可能にする事態」そのものの「論理」を明らかにすることが問題となる。「誰もが納得のいく論理」を明らかにすることが「哲学という学」の仕事だからである。本書の理解に神秘的な体験あるいは宗教的な放下など必要ないが、それは、本書の議論が体験の告白ではなく、終始論理的なものであろうとするからである。そしてそうした論理化の道を私に示したのが、パルメニデスなのである。本書の議論の先駆者として彼のテキストを何度も取り上げているのは、本書の思索が、哲学的な思索であろうとするからである。

私の議論はきわめて単純である。その議論の核心部分は、哲学の専門家でなくても理解できる。しかしそういった単純さを見えにくくさせるものが、私たちを縛る存在の呪縛である。読者の中には、「自分はそんな呪縛には囚われない」と考える人もいるだろう。しかしきわめて稀な例外を除いて、哲学の歴史は、すべて強固な存在の呪縛に囚われている。私たちの日常は、「無ではない」を暗黙裏に前提とする「世界への関心」で埋め尽くされているからである。したがって本書の理解に必要なのは、鋭敏な頭脳や膨大な哲学的知識などではなくて、振り払っても振り払っても次から次へと現れてくる「日常への関心」という雑音を鎮める努力である（つまり本書の理解にはデカルトが言う meditatio が必須なのである）。

私は、哲学のすべての歴史を相手にしようとしている。本書の第一章論文をドイツの雑誌に投稿したのはそのためである（その後それは、欧米のハイデガー文献目録やパルメニデス主要文献目録などにリストアップされている）。他方この国には、そうした態度を「身の程を知らない」と非難する専門家が少なからずいる。しかし哲学が従来の思考の枠組みを不断に吟味し乗り越えようとする営みであるならば、本書のような挑戦もまた哲学なのではないだろうか。学会のような場所で私が話をした後、目を輝かせて駆け寄ってくるのは決まって若い研究者である。彼らは、私の主張に「自由な思索の可能性」を感じ取っている。本書が、読者にとって、そうした可能性に開かれるきっかけとなれば幸いである。

本書は、神戸学院大学人文学会の出版助成を受けて出版されるものである。助成を認められた人文学会への感謝を最後に述べるのは筆者の当然の義務である。

《著者紹介》
松井吉康（まつい　よしやす）
1961年　大阪生まれ
1990年　京都大学大学院文学研究科博士後期課程単位取得退学
1994～96年　ミュンヘン大学東アジア学研究所講師
現　在　神戸学院大学人文学部講師

主要業績
『総説・ドイツ観念論と現代』（共著、ミネルヴァ書房、1993年）
『宗教の根源性と現代・3』（共著、晃洋書房、2002年）
「エックハルトの『神の誕生』を巡って」（関西哲学会『アルケー』第一号、1993年）
‚Die Freiheit bei Meister Eckhart' (*Philosophisches Jahrbuch* 107. Jahrgang/II, 1997)
‚Der Bann des Seins' (*Philosophisches Jahrbuch* 117. Jahrgang/II, 2007)

存在の呪縛

2018年11月20日　初版第1刷発行　＊定価はカバーに表示してあります

著者の了解により検印省略

著　者　松井吉康©
発行者　植田　実
印刷者　藤森英夫

発行所　株式会社　晃洋書房
〒615-0026　京都市右京区西院北矢掛町7番地
電話　075(312)0788番(代)
振替口座　01040-6-32280

装丁　野田和浩　印刷・製本　亜細亜印刷(株)
ISBN978-4-7710-3116-6